Achtsam sein - Stress abbauen

Aufbauen einer Haltung der Achtsamkeit als handlungsleitende Grundlage zum Abbauen von Stress und für nachhaltiges Handeln besonders in sozialen, pädagogischen Berufsfeldern.

Klaus de Jong

Autor: Klaus de Jong
Coverdesign: EDUVersum Verlag, lehrer-online; Bild: Klaus de Jong
Die Darstellung des Züricher Ressourcenmodells erfolgt mit freundlicher Zustimmung von: Dr. phil. Julia Weber, Geschäftsführerin ISMZ GmbH, Institut für Selbstmanagement und Motivation Zürich, Spin-off der Universität Zürich, Scheuchzerstrasse 21, CH-8006 Zürich, vom 24.05. 2018.
Die Bilder zum Hatha Yoga wurden von der Yoga Akademie Baden vertreten durch deren Leiter, Herrn Joachim Bär, für dieses Buch freigegeben. Mit ihm wurden auch die Texte zu den Bildern abgestimmt. Für die Fotos stand Frau Melanie Sauter Modell, der Fotograph war Christian Ell. Kontaktdaten der Yogaakademie siehe Seite 160.

ISBN: 9789463671521

Vorwort

In so gut wie jedem Berufsfeld kommen Veränderungen in oft immer kürzeren Abständen und damit sich wandelnde oder auch weitere Anforderungen auf die dort tätigen Menschen zu. Veränderungen oder Anpassungen ergeben sich meist aus den sich wechselnden Gegebenheiten im jeweiligen Privat- oder Berufsbereich. Vor allem Menschen, die in sozialen und/oder pädagogischen Berufsfeldern tätig sind erfahren oft erhöhte psychische Anforderungen. Da jeder Mensch bestrebt ist, sich in seinem Berufsfeld ´einzurichten´ bewirken Veränderungen bzw. neue Anpassungen zunächst verunsichernde Herausforderungen, die zu Anfang oft nicht in Gänze überblickt werden können. Solche neuen, oft ungewohnten Anforderungen bewirken Stress sowohl für den Körper, als auch den Geist jedes Menschen. Das Anpassenmüssen ist für den Organismus des Menschen evolutionsgeschichtlich nichts Neues. Evolutionsgeschichtlich neu ist in unserer modernen Gesellschaft jedoch, dass die bei Stress in einer jeweiligen Situation durchs Gehirn im Körper ausgeschütteten Botenstoffe nicht durch aktivierte muskuläre Aktionsweisen (Angriff oder Flucht) abgebaut werden können. Zudem erzeugt das heute oft vielfältige, unüberschaubare Verwobensein jedes Menschen in einer komplexen, meist hoch individualisierenden und von vielen Informationsmöglichkeiten geprägten Gesellschaft innerpsychische, oft angstauslösende Spannungen. Das eigene Wahrnehmen sowohl der Umweltgegebenheiten wie des individuellen Selbst erfahren damit eine höhere Bedeutung mit Blick auf innere Stärken und individuelle Ressourcen. Diese gilt es zu erkennen, aufzubauen und zu erhalten (Resilienz). Hier setzt die vorliegende Schrift an. Sie stellt die individuell erlernbare Haltung des Achtsamseins für sich selbst wie im eigenen Handeln in den Mittelpunkt. Im Buch erfahren Sie sowohl wichtige Grundlagen, als auch beispielhaft konkrete Handlungsansätze zum Aufbau und Gewinnen von persönlicher innerer Stärke. Achtsamsein bewirkt mittels gezielter, bewusst praktizierter Verfahrensweisen sowohl erhöhte Konzentrationsfähigkeit, als auch ein tiefes Entspannen. Sie bekommen Anregungen, die Ihnen ein sowohl inneres, mentales, als auch körperlich muskuläres Entspannen bzw. ´zur Ruhe kommen´ ermöglichen, bei gleichzeitig nachhaltigem Stärken der mentalen wie physischen Vitalität. Entscheidend ist das entsprechende ´Dranbleiben´. Dies bedeutet, dass Sie schon nach kurzer Zeit mit den entsprechenden Übungen aktuell anstehende Herausforderungen gelassener annehmen und mit innerer Stärke stimmiger bearbeiten können. Dazu vermeiden Sie aus eigenem Achtsamsein, sich noch mehr als erforderlich aufzuladen im Sinne von ´so viel als nötig und so wenig wie möglich´.

Inhaltsverzeichnis

1 Einordnung der Begriffe „Achtsamkeit“ und „Stress“ ... 5
1.1 Buddhistische Ursprünge von Achtsamkeit ... 5
1.1.1 Meditationsweisen im Buddhismus ... 8
1.2 Westliche Ansätze von Achtsamkeit ... 10
1.3 Belastung und Stress ... 12
1.3.1 Begriffsklärung „Stress“ ... 13
1.3.2 Begriffsklärung „Belastung“ und „Beanspruchung“ ... 14
1.3.3 Begriffsklärung „Allgemeines Anpassungssyndrom“ ... 15
2 Wirkungen von „Stress“ ... 17
2.1 Stress ... 17
2.1.1 Gehirnaktivitäten bei Stress ... 17
2.1.2 Stressarten ... 18
2.1.3 Stressreize - Gehirn- und Körperreaktionen ... 19
2.1.3.1 Burnout-Syndrom ... 21
3 Wirkungen von „Achtsamkeit“ ... 27
3.1 Achtsamkeit aus organisationaler Sicht (Modelle) ... 27
3.2 Wirkungen von individueller Achtsamkeit - Aufbauen einer Haltung ... 32
3.3 Wirkungen von Achtsamkeit beim Umgang mit Anderen ... 38
4 Grundlagen zum Umgang mit belastenden Situationen in sozialen / pädagogischen Berufsfeldern ... 39
4.1 Wahrnehmungsprozesse ... 41
4.2 Wirkungen von Wahrnehmungsprozessen in sozialen/pädagogischen Berufsfeldern ... 44
4.2.1 Erste allgemeine Ansätze der Prävention ... 45
5 Wege zu Achtsamkeit und Stressbewältigung ... 49
5.1 Modelle des Erkennens von Stressrelevanz und Stressbewältigung ... 49
5.2 Züricher Ressourcen-Modell ... 64
5.2.1 Grundlagen des ZRM ... 64
5.2.2 Das Rubikon-Modell im ZRM ... 65
5.2.3 PSI-Theorie - Motivation ... 66
5.2.4 Motto-Ziele ... 69
5.2.5 Somatische Marker im ZRM ... 69
5.2.6 Ressourcenpool im ZRM ... 72
5.2.7 Embodiment des ZRM ... 72
5.2.8 Bedürfnisse sehen und befriedigen ... 74

5.3 Elemente eines meditativen, fokusierenden und entspannenden Übens 75
5.4 Mindfulness-based Stress Reduktions Program (MBSR) 82
5.4.1 Body-Scan 84
5.4.2 Sitzmeditation 85
5.5 Atmen - Gehirn und Körper stärken 86
5.6 Achtsamkeit stärkende, geist- und körperbasierte Ansätze 90
5.6.1 Entspannungsübungen nach Jacobsen 91
5.6.1.1 Verfahren der Progressiven Muskelentspannung 92
5.6.1.2 Wirkungen der Progressiven Muskelentspannung 93
5.6.2 Yoga 95
5.6.2.1 Hatha Yoga 96
5.6.2.2 Vorübungen des Hatha Yoga 102
5.6.2.3 Sonnengruß im Hatha Yoga 104
5.6.2.4 Hatha Yoga Asanas (Körperübungen) 109
5.6.2.5 Hatha Yoga - Kurzprogramm 1 (leichtere Variante) 114
5.6.2.6 Hatha Yoga - Kurzprogramm 2 (anspruchsvollere Variante) 118
6 Aufbauen einer achtsamen Haltung 122
6.1 Persönliche Vorlieben - Erfahrungen 123
6.1.1 Reihenfolge und Zeit zum Aufbau von Achtsamkeitsübungen 124
7 Achtsam im beruflichen Alltag 127
7.1 Planen und ´Dranbleiben´ 131
7.2 Ritualisierte ´Ankerpunkte´ im Arbeitsalltag 132
7.3 Achtsames Umgehen mit der eigenen Zeit 135
7.3.1 Strategisch Informationen gewinnen, ordnen und verarbeiten 137
8 Anhang 140
9 Literatur 151

1 Einordnung der Begriffe „Achtsamkeit“ und „Stress“

Gedanken und Übungen zu Achtsamkeit stammen ursprünglich aus dem buddhistischen Kontext: Sie werden dort nicht nur theoretisch dargelegt, sondern immer auch mit konkreten Übungen verbunden und praktiziert. Auch innerhalb der verschiedenen buddhistischen Schulen besitzt der Begriff der Achtsamkeit sowohl unterschiedliche Bedeutungen als auch andere konkrete Ausprägungen je nach gesellschaftlichem Kontext.

Die westlichen Definitionen von Achtsamkeit und daraus resultierende Konzeptionalisierungen unterscheiden sich noch einmal von ihren buddhistischen Ursprüngen. Diese jeweiligen Definitionen beruhen meist auf zugeordneten, vielfältig konzeptualisierten Programmen zur Achtsamkeitsschulung. Diese unterscheiden sich in ihrem theoretischen Verständnis, ihren angewandten Ausführungen bzw. Übungen, ihren intendierten Wirkungen und ihren angenommenen Wirkweisen.

1.1 Buddhistische Ursprünge von Achtsamkeit

Nach ihrer Anhängerzahl ist der Buddhismus die viertgrößte der fünf großen Weltreligionen. Entstanden ist er um 500 vor Christus. In dieser Zeit erlangte der Religionsgründer, Siddharta Gautama, im Alter von 35 Jahren die „Erleuchtung“ und setzte kurz darauf mit seiner ersten Lehrrede das „Rad der Lehre“ in Gang. Die heute älteste zusammenhängende Sammlung der Lehrreden Buddhas ist der Pali-Kanon (der Name entstammt der Sprache, in der er verfasst ist). Diese Sammlung bildet die Grundlage für die älteste noch existierende Tradition des Buddhismus, den Theravada. Der Theravada-Buddhismus propagiert insbesondere ein mönchisches Leben. Im Pali-Kanon finden sich erste Hinweise auf die Praxis der Achtsamkeit. Im Westen ist diese Form meist durch das Vipassana-Movement anzutreffen. Eine andere Art des Buddhismus ist der Mahajana-Buddhismus. Bei ihm spielen die Laien eine stärkere Bedeutung. Die im Westen häufigste Form des Mahayana-Buddhismus ist der Zen-Buddhismus. Das Ziel des Buddhismus liegt im Erlangen eines inneren Zustands, der mit Nirvana (Sanskrit) oder Nibbana (Pali) umschrieben wird. Im Nibbana gibt es für diesen inneren Zustand mehrere Umschreibungen, z.B. das Friedliche, der nicht-leidende Zustand, die Leidenschaftslosigkeit, die Freiheit. Im westlichen Kontext werden in Konzeptionen von Meditationen meist Begriffe wie Befreiung bzw. Befreiung von Leiden als Ziele verwendet.

Für die buddhistische Lehre sind drei Prinzipien bedeutend:

a) „Das wichtigste Grundprinzip des Buddhismus ist die Idee des „Abhängigen Entstehens". Der Begriff Abhängiges Entstehen beschreibt, dass alles, was zu einem bestimmten Zeitpunkt existiert, nur entstehen konnte, weil bestimmte Bedingungen erfüllt waren und dass es auch nur weiterhin bestehen kann, weil die Bedingungen weiterhin aktiv sind. Würden bestimmte notwendige Bedingungen entfernt, würde auch das gegenwärtig Existierende verschwinden – bzw. (um genauer zu sein:) würde es sich verändern und wir würden es aufgrund der Veränderungen mit anderen Begriffen beschreiben (z.B. Holz wird durch Feuer zu Glut und anschließend zu Asche). Wie wichtig dieses Prinzip im Buddhismus ist, kann man beispielsweise daran sehen, dass der Buddha sagte, er habe die Erleuchtung erst erlebt, als er verstand, wie das Abhängige Entstehen zu einem Ende gebracht werden kann. ...

b) Eine wichtige, das buddhistische Weltbild konstituierende Annahme ist „samsara". Dieser Begriff wird genutzt um den endlosen Zyklus von Geburt, Tod und Wiedergeburt zu beschreiben. Dadurch, dass sich alles in der Welt ständig ändert, neue Dinge entstehen und bestehende Dinge vergehen, entsteht immer wieder Leiden für die Individuen, die dem Prozess von Geburt und Tod unterliegen. Gemäß der buddhistischen Beschreibungen ist für den Kreislauf des Wiedergeborenwerdens kein Anfang zu identifizieren. Angetrieben von Verlangen und Unwissenheit besteht der Bewusstseinsstrom durch einen sich-selbst-erhaltenden Prozess solange fort, bis das Individuum sowohl Verlangen als auch Unwissenheit überwindet und damit ins Nirwana eintritt. ...

c) Die nicht-erleuchteten Wesen können nicht nur als Menschen, sondern beispielsweise als Tier oder Geistwesen wiedergeboren werden. Als was ein Wesen wiedergeboren wird, wird durch den Prozess des Karma determiniert. Karma (übersetzt: Handlung) beschreibt das Gesetz von Ursache und Wirkung und gilt sowohl innerhalb eines Lebens als auch über verschiedene Leben hinweg. Grundlegend für die Idee des Karma ist die Annahme des Abhängigen Entstehens: Wenn alles durch bestimmte Bedingungen entsteht und die Veränderung dieses Bedingungsgefüges zu Veränderungen des gegenwärtig Seienden führen, dann haben alle unsere Taten Konsequenzen. Karma bedeutet also, dass unsere Handlungen Ergebnisse nach sich ziehen. Diese manifestieren sich teilweise in der Welt, aber ebenso hinterlassen sie im Bewusstseinsstrom ein Potential, welches sich dann manifestieren wird, wenn noch weitere Bedingungen dafür zusammenkommen. Konkret besagt Karma, dass unheilsame Taten unheilsame Wirkungen nach sich ziehen, aber heilsame Taten heilsame Wirkungen. Ob eine Tat heilsam oder unheilsam ist, entscheidet vorwiegend die Absicht, die man damit verfolgte." (Eberth)

Mit Blick auf Erkenntnisse der Neurobiologie, wäre auch ein Ursache-Wirkungs-Zusammenhang denkbar, der aufgrund von Lernprozessen im Gehirn eintritt: Tut eine Person etwas, werden dafür bestimmte Verbindungen im Gehirn genutzt, die durch die Nutzung gestärkt werden. In Zukunft wird es deshalb viel wahrscheinlicher, dass sich ein ähnliches Verhalten wieder zeigt. Dadurch wird (siehe a) auch wahrscheinlicher, dass diese Person irgendwann die Konsequenzen ihres Verhaltens zu spüren bekommt. Dies gilt gleichermaßen für positives und negatives Verhalten. Wenn eine Person sich selbst negativ verhält (siehe a), ist es auch wahrscheinlicher, dass sie ein solches negatives Verhalten ebenso von anderen Personen erwartet. In der Folge eigener negativer Handlungen erfährt sie also häufiger unangenehme Emotionen, wie Angst und Misstrauen. Weiterhin schafft eine Person eigenes Leiden (siehe c), wenn sie ein Verhalten zeigt, das sie später bereut, weil sie Leid bei anderen Menschen geschaffen hat. (nach Eberth)
Zwei Lehrreden (Pali: sutta) Buddhas, die Satipaṭṭhāna Sutta (Analayo; Nyanaponika) und die Ānāpānasati Sutta (Rosenberg), gelten als besonders bedeutend für das Verständnis von Achtsamkeit (Kabat-Zinn; Schmidt). Beim Satipaṭṭhāna Sutta handelt es sich um eine Serie von zunehmend subtileren Betrachtungen des Körpers, der Gefühle, der mentalen Zustände und Objekte. Das Ānāpānasati Sutta beinhaltet eine präzise Beschreibung der Achtsamkeit beim der Ein- und Ausatmung (nach Tam Luong).

Der Begriff „Achtsamkeit" kann etymologisch auf das Pali-Wort „sati" zurückgeführt werden, das im Namen beider Suttas enthalten ist. Das Nomen „sati" ist mit dem Verb „sarati" verwandt, was übersetzt „sich erinnern" bedeutet (Anālayo). In diesem Sinne bezieht sich Achtsamkeit auf die Fähigkeit, die Aufmerksamkeit auf bestimmte Wahrnehmungsobjekte zu richten und sich dieser Intention immer wieder gewahr zu werden (Dreyfus). „Sati" beinhaltet auch die Fähigkeit, „in Bezug auf den gegenwärtigen Augenblick hellwach" zu sein (Analayo). Laut Anālayo kann „sati" somit sowohl das Erinnerungsvermögen als auch das Gewahrsein im gegenwärtigen Augenblick bedeuten. Den beiden Begriffen „sati" und „samma sati oder sammadi" entsprechen insbesondere die beiden Meditationstechniken Vipassana-Meditation (Einsichtsmeditation) und Samatha (konzentrative Meditation).

„Sati“ im Sinne der rechten Achtsamkeit (sammā sati) ist ebenso ein integraler Bestandteil des Edlen Achtfachen Pfades, der nach den Lehren des Buddha den Weg zur Befreiung von Leiden aufzeigen soll.
Die acht Glieder des Pfades beschreiben ethische Verhaltensanweisungen zur Ausbildung von Sittlichkeit (rechte Rede, rechtes Handeln, rechte Lebensführung), zur Schulung des Geistes (rechte Anstrengung, rechte Achtsamkeit, rechte Konzentration) sowie zur Entwicklung von Weisheit (rechte Erkenntnis, rechte Gesinnung). Im Kontext des Edlen Achtfachen Pfades bedarf es der Präsenz der rechten Achtsamkeit zwar für die Förderung aller drei Bereiche (Sittlichkeit, Geistesschulung, Weisheit). Durch die Zuordnung der rechten Achtsamkeit in den Bereich der Geistesschulung dient sie aber auch speziell dazu, destruktiven inneren Zuständen entgegenzuwirken und die Konzentrationsfähigkeit zu unterstützen. Die Positionierung der rechten Achtsamkeit zwischen der rechten Anstrengung und der rechten Konzentration kann Anālayo zufolge auch darauf hinweisen, dass insbesondere am Anfang der Achtsamkeitspraxis Anstrengungen überwunden werden müssen, um von Ablenkungen abzulassen und zu einem inneren Zustand von Ruhe und Konzentration zu gelangen.
Weiterhin hebt Anālayo hervor, dass ein qualitativer Unterschied zwischen Achtsamkeit (sati) und rechter Achtsamkeit (sammā sati) besteht. Er verweist auf zahlreiche Belegstellen in Lehrreden, in denen falsche Achtsamkeit (micchā sati) vorkommt. Dem buddhistischen Kontext zufolge ist daher die Vermittlung von Meditationsübungen zur Aufmerksamkeits- und Konzentrationsschulung zwar notwendig aber nicht hinreichend für die Entwicklung der rechten Achtsamkeit (Monteiro, Musten & Compson).
Achtsamkeit muss noch durch andere Qualitäten unterstützt und in ein ethisches Wertesystem eingebettet werden, um rechte Achtsamkeit zu bilden (Anālayo; Greenberg & Mitra). So resümiert Schmidt, „dass die Praxis der Achtsamkeit im ursprünglichen buddhistischen Kontext nicht nur eine einzelne für sich stehende Meditationstechnik ist, um eine Zeit der Stille oder Selbstexploration zu erfahren, sondern Teil eines umfassenderen spirituellen Weges“ (nach Tam Luong).

1.1.1 Meditationsweisen im Buddhismus

Den beiden Begriffen „sati“ und „samma sati oder sammadi“ entsprechen insbesondere die beiden Meditationstechniken Vipassana-Meditation (Einsichtsmeditation) und Samatha (konzentrative Meditation).

a) **Samatha:** Unter Samatha werden sehr unterschiedliche Meditationstechniken zusammengefasst. Ihnen gemeinsam ist das Konzentrieren auf ein bestimmtes Meditationsobjekt, das auch „kasina“ genannt wird. Je nach Meditationstradition und Vorlieben des/der Praktizierenden kann sich die Art des Meditationsobjektes unterscheiden. Es kann z.B. ein Mantra (Spruchtext), ein Mandala (ausmalbares, meist rundes, symmetrisches Bild), eine bestimmte Figur, ein Bild, ein Gedanke oder eine Körperempfindung sein. Sehr häufig wird eine Empfindung beim Atmen, z.B. die Stelle an der Nase, an der das Ein- und Ausströmen der Luft wahrgenommen wird, oder das Heben und Senken der Bauchdecke als Meditationsobjekt genutzt. Aufkommende oder ablenkende Gedanken werden meistens betrachtet und losgelassen, wodurch sie sich auflösen.

b) **Vipassana-Meditation:** Die Vipassana-Meditation baut auf der Ruhe und Konzentration auf, die während der Samatha-Meditation entwickelt wurde. Anders als das eher passive Beobachten während der konzentrativen Meditationsformen besteht Vipassana jedoch in einer eher analytischen Betrachtung. Diese besteht beispielsweise darin, dass der/die Meditierende aktiv nach einem in ihm/ihr oder anderen Phänomenen liegenden Selbst sucht (Shonin et al).

c) **Einsichtsmeditation (Satipatthana Sutta.):** Diese Meditationsart umfasst den Bereich der Achtsamkeit mit den Unterelementen der Kontemplation auf die Gefühle, der Kontemplation auf den Geist und der Kontemplation auf die Phänomene.

Die Kontemplation über die Gefühle bezieht sich darauf, ob eine körperliche oder geistige Erfahrung angenehm, unangenehm oder neutral ist. Sie bezieht sowohl weltliche als auch spirituelle Freude, Leid und Gleichmut mit ein. Durch die Meditation sollen diese überwunden werden.

Die Kontemplation des Geistes betrachtet die geistigen Zustände und Phänomene, z.B. Absichten, Interessen, Aufmerksamkeit, Verlangen, Stolz, Besorgnis, Eifersucht, Vertrauen, Mitgefühl, usw.).

Die Kontemplation der Phänomene umfasst die Störfaktoren für eine meditative Weiterentwicklung. Diese sind: Körper, Gefühl, Wahrnehmung, Willensregungen und Bewusstsein (nach Eberth).

Achtsamkeit kann auf vier Arten kontempliert werden:

(1) intern, d.h. in der eigenen Erfahrung; extern, d.h. nachsinnend darüber, wie es in der Erfahrung anderer sein könnte; oder beides, intern und extern;

(2) als entstehend, vergehend und beides;

(3) in Form reinen Gewahrseins über das Meditationsobjekt und

(4) in einem Zustand völliger Loslösung und Nicht-Anhaftung verweilend (nach Bodhi).

1.2 Westliche Ansätze von Achtsamkeit

Die wesentlichen Wurzeln der Achtsamkeit liegen im Buddhismus, der seit Jahrtausenden Techniken zu deren Kultivierung entwickelt und anwendet. Jedoch bedeutet dies für moderne westliche Achtsamkeitsansätze, dass diese sich zwar auch explizit oder implizit auf diese Wurzeln beziehen, ohne dass ein direkter Bezug zum Buddhismus erforderlich ist. Achtsamkeit ist eine Grundfähigkeit jedes Menschen. Diese Fähigkeit kann durch regelmäßiges Üben geschult und trainiert werden. Im Praktizieren von Achtsamkeit bezieht sich ein Mensch auf die aus der Achtsamkeit resultierende „kohärente phänomenologische Beschreibung des Wesens des Geistes, der Emotionen und des Leidens, sowie der potenziellen Erlösung von denselben.“ (Kabat-Zinn) Auch in den westlichen Ansätzen zur Achtsamkeit gibt es verschiedene Definitionen und Sichtweisen. Beim Begriff „Achtsamkeit“ handelt es sich um einen vielschichtigen und kontextabhängigen Begriff. Es existiert keine einheitliche Achtsamkeitsdefinition. „Achtsamkeit“ kann sich auf einen Zustand, eine Persönlichkeitseigenschaft, eine Interventionsbedingung oder auf spezielle Übungen beziehen. Immer ist zu klären, wie Achtsamkeit in säkularen Kontexten definiert wird und inwiefern ethische Aspekte in der Achtsamkeitsdefinition und in eine davon abgeleiteten Praxis hineinwirken. Weit verbreitet ist der Ansatz von Kabat-Zinn: „awareness that emerges through paying attention on purpose, in the present moment, and nonjudgmentally to the unfolding of experience moment by moment“, was ein nichtwertendes Gewahrsein im aktuellen Augenblick meint. Diese wurde durch Bishop erweitert in zwei Komponenten:

(1) Selbstregulation der Aufmerksamkeit: Aufmerksamkeit konsequent immer wieder auf das unmittelbar gegenwärtige Erleben lenken!

(2) Hinwendung zur Erfahrung: Ohne Bewertung momentan Gegebenes bzw. aufkommendes Beobachten mit Neugier, Offenheit und Akzeptanz in wohlwollend-annehmender Haltung!

Nilsson und Kazemi definieren Achtsamkeit mit: „A particular type of social practice that leads the practitioner to an ethically minded awareness, intentionally situated in the here and now“. So umfasst Achtsamkeit fünf Kernkomponenten:

(1) Fokussierte Aufmerksamkeit - offenes Gewahrwerden (attention and awareness): Die Aufmerksamkeit wird z.B. auf ein bestimmtes Objekt gerichtet. Bei Abschweifungen wird der Fokus wieder zurück gelenkt. Beim offenen Gewahrwerden, das prozessorientiert ist, wird der Fokus auf innere oder äußere Ereignisse gerichtet, die beobachtet werden.

(2) Gegenwartsorientierung (present-centeredness): Es bezieht sich auf das unmittelbare Erleben im Augenblick (beeing-mode).

(3) Externale Ereignisse (external events): Die Aufmerksamkeit wird auf durch die Sinne wahrgenomme Dinge gelenkt, die unser Erleben und

Verhalten beeinflussen. Das innere Erleben steht immer auch in Wechselwirkung bzw. Interaktion mit der Umgebung, daher ist es bedeutend, sich der äußeren Einflüsse bewusst zu sein bzw. diese wahrzunehmen.

(4) Konstruktive Grundhaltungen (cultivation): Sie beinhalten z.B. Empathie und Mitgefühl. Sie beinhalten eine mögliche Ressource bei widrigen Lebenslagen.

„Nilsson und Kazemi verstehen Achtsamkeit als eine soziale Praxis, die weniger nach einer reinen Selbstoptimierung trachtet als vielmehr um ein ethisches Bewusstsein bemüht ist. Sie sprechen sich weiterhin dafür aus, dass auch im Rahmen der säkularisierten Vermittlung von Achtsamkeit zwischen konstruktiven und destruktiven Absichten und Handlungen unterschieden werden sollte.“ (Tam Luong)

Einen ergänzenden Ansatz vertreten Langer und Moldoveanu mit der „kreativen Achtsamkeit“. Nach Langer und Moldoveanu bewirkt Achtsamkeit eine erhöhte Wachheit und kognitive Flexibilität, d.h., dass, situative und kontextuelle Bedingungen bewusster wahrgenommen und berücksichtigt werden. Personen sind zum einen bei achtsamer Haltung bzw. im achtsamen Zustand bereit und in der Lage, neue Informationen zu erkennen, aufzunehmen und dadurch andere Unterscheidungen vorzunehmen, zum anderen durch das Einnehmen multipler Perspektiven angemessenere Entscheidungen zu treffen. Im Unterschied zur rezeptiven meditationsbasierten Achtsamkeit intendiert dieser Ansatz die Aufforderung aktiv einen Perspektivwechsel vorzunehmen und dies auch zu trainieren (nach Tam Luang).
Baer et al. operationalisieren Achtsamkeit in fünf Facetten:

1. Nicht-Reaktivität gegenüber innerem Erleben;
2. Beobachtung von aufkommenden Ereignissen wie Gedanken, Gefühlen oder Empfindungen;
3. bewusste Handlungen im Gegensatz zu unbewussten, automatisierten oder gewohnheitsmäßigen Reaktionen;
4. Fähigkeit zur verbalen Beschreibung des subjektiven Befindens, sowie
5. eine nicht-wertende Haltung gegenüber dem eigenen Erleben (in: Tam Luong).

„Alles, was wir wiederholt in uns aufnehmen, was wir spüren, fühlen, wollen und denken, verändert langsam, aber sicher die neuronalen Strukturen unseres Gehirns.“ (Hanson) Die in der Neurobiologie festgestellte Neuroplastizität des Gehirns ist daher abhängig von Erfahrungen. Zentral dafür, was Einfluss auf das Gehirn nimmt, ist die Lenkung der Aufmerksamkeit. Der Fokus der Aufmerksamkeit entscheidet, welche Hirnregionen aktiviert werden und damit wo neuronale Verbindungen entstehen bzw. gestärkt werden. Allerdings funktioniert dieser Prozess auch in die andere Richtung. Bereiche, die nicht genutzt werden, verzeichnen, ganz nach dem Motto „use it or loose it", einen Abbau bzw. bilden sich zurück (nach Hanson).

1.3 Belastung und Stress

„There is nothing either good or bad, but thinking makes it so."

William Shakespeare, Hamlet, Akt II, Szene 2

In der Literatur finden sich verschiedene Modelle zu Arbeitsbelastung und Arbeitsstress. Sie unterscheiden sich hauptsächlich darin, welche Eigenschaften der jeweiligen Person in Belastungs- bzw. Stresssituationen beigemessen werden. Ursprünglich wurden im deutschsprachigen Raum vorwiegend die stressauslösenden Faktoren betrachtet bis 1984 aus dem amerikanischen Raum Lazarus und Folkaman mit „Stress, Appraisal and Coping" verstärkt auf die Bedeutung und Rolle der je individuellen Bewertungs- und Bewältigungprozesse („Coping") hinwiesen. Augenfällig scheint zu sein, dass manche Menschen leichter in Stress geraten als andere. Häufig wird in Berufsfeldern nach „belastbaren" Personen gesucht, doch was ist eine „belastbare" Person? Welche Rolle spielen interindividuelle Unterschiede beim Entstehen von Arbeitsstress und psychophysischer Beanspruchung und in welchem Maße wirken jeweilige Arbeitsbedingungen? Einen wichtigen weiterführenden Ansatz entwickelte 1979 der israelische Medizinsoziologe Aaron Antonovsky mit der „solugenen Persönlichkeit". Er wendet sich von der pathogenen Sichtweise (Gesundheit - Kankheit) ab und postuliert, „dass grundlegende Charakteristika jedes Organismus Heterostase, Unordnung und ständiger Druck in Richtung auf zunehmende Entropie sind. Daraus ergibt sich ein Kontinuum zwischen körperlicher bzw. psychischer Gesundheit und Krankheit. Gesundheit ist demnach kein „Normalzustand", sondern Resultat aktiver Prozesse, die dazu führen, dass ein Individuum näher am Gesundheitspol des Kontinuums einzuordnen ist als am Krankheitspol." (in Höge) Im Mittelpunkt des solugenen Ansatzes steht die Frage, was eine Person gesund erhält? Im medizinischen Bereich fand dieser Ansatz seinen Eingang konkret in der Psychosomatik und ebenfalls in der Arbeitspsychologie. Antonowsky führt hier den Begriff des Kohärenzsinns ein und beschreibt diesen „als ein dauerhaftes Gefühl des Vertrauens, dass die eigene interne und externe Umwelt sinnhaltig und vorhersagbar ist, und dass sich die Dinge mit hoher Wahrscheinlichkeit so entwickeln werden, wie vernünftigerweise erwartet werden kann" (nach Höge).

Ergänzend zum Kohärenzsinn fanden auch Forschungen zu anderen Persönlichkeitsvariablen mit Blick auf ihre Wirkungen bei Stress hinsichtlich Gesundheit - Krankheit statt, z.B. hinsichtlich der Konstrukte: Typ-A-Verhaltensmuster: Kontrollüberzeugungen, negative Affektivität, Hardiness, Selbstwirksamkeitserwartungen und dispositionaler Optimismus. Typ-B-Verhaltensmuster sind weniger stressanfällig, da sie mehr gelassen, konmpromissbereit, umgänglich, zurückhaltend und ruhig sind. Entscheidend ist eine situativ stimmige Gesamtschau, um die jeweiligen Einflüsse beim Entstehen von Stress zu erkennen und damit individuelle Bewältigungsstrategien einleiten bzw. anwenden zu können.

In der Psychologie gibt es derzeit keine einheitliche Definition von Stress, Stressor, Belastung und Beanspruchung.

1.3.1 Begriffsklärung „Stress"

Bei Lazarus und Folkman wird das Phänomen Stress als sog. „allgemeines Adaptationssyndrom" bezeichnet, was bedeutet, dass eine unspezifische physiologische Reaktion auf jede Form von intensivem Reiz erfolgt bzw. erfolgt ist. Dies stellt eine neutrale Umschreibung von Stress dar, die weder aversiv noch positiv ist. Dieses physiologische Reaktionsmuster meint weniger einen kognitiv-emotionalen Zustand, sondern zeigt sich z.B. in einer Erhöhung des Blutdrucks und der Herzschlagfrequenz, die auf einem Hormonausstoß des Gehirns beruhen, das den Körper auf eine Aktivität: Flucht oder Angriff, vorbereitet. Ein intensiver Reiz (Stimulus) wird vor allem durch Stressoren ausgelöst, die sowohl auf positiven wie negativen Ereignissen beruhen können. Stress entsteht beim Individuum bei dessen Auseinandersetzung mit der jeweiligen Umwelt. Entscheidend sind für Entstehung, Ausprägung und Form der physiologischen Reaktion (Stress) die nach dem Reiz ablaufenden individuellen Bewertungs- und Bewältigungsprozesse.

Semmer definiert einen weit gefassten Stressbegriff: „Unter Stress verstehe ich einen unangenehmen Spannungszustand, der entsteht, wenn eine Situation als aversiv eingeschätzt wird. Stressoren sind Ereignisse, die die Auftretenswahrscheinlichkeit von Stresszuständen in einer gegebenen Population erhöhen." Stressoren werden hier probabilistisch definiert. Diese Definition bezieht eine Vielzahl von Reaktionen mit ein und reicht von Ärger über Angst bis zu Zorn und Wut sowie bis zu pathologischen Zuständen.

Greif präzisiert und erweitert die Aussagen von Semmer, indem er postuliert: „Stress ist ein subjektiv intensiv unangenehmer Spannungszustand, der aus der Befürchtung entsteht, dass eine

- stark aversive,
- subjektiv zeitlich nahe (oder bereits eingetretene) und
- subjektiv lang andauernde Situation

sehr wahrscheinlich nicht vollständig kontrollierbar ist, deren Vermeidung aber subjektiv wichtig erscheint."

Bei dieser Definition wird der Begriff „Stress“ enger gefasst. Bei beiden Definitionen wird „Stress“ als Zustand gesehen (reaktionsorientierter Stressbegriff).
Lazarus und Folkman führen in ihrer Definition eine strengere relationale Sichtweise ein: „Psychological stress is a particular relationship between the person and the environment that is appraised by the person as taxing or exceeding his or her ressources and endangering his or her well-being.“ Eine wichtige Erweiterung ist die auf eine bestimmte Weise bewertete Beziehung zwischen Person und Umwelt. Stress wird somit als ein Prozess unter Beteiligung von Umweltvariablen und Personvariablen begriffen.
Gemäß dieser Definitionen wäre es konsequent, „von Stress zu sprechen, wenn man eine bestimmte Form der Transaktion zwischen Umwelt und Person beschreibt und von Stressreaktion, wenn das physiologische, verhaltensmäßige und emotionale Resultat dieses Prozesses bei einer Person gemeint ist.“ (Höge)

1.3.2 Begriffsklärung „Belastung“ und „Beanspruchung“

Bei „Stress“ beinhaltet jeder Stimulus als Stressor einen probabilistischen Zusammenhang mit emotional aversiv erlebten Stressreaktionen. Der Begriff des Stressors ist aversiv besetzt. Zudem umfassen Stressoren sowohl äußere als auch innere Stimuli (z. B. Schmerz, Krankheit etc.).
Im Unterschied dazu beziehen sich die Begriffe „Belastung“ und „Beanspruchung“ immer auf wirkende Umweltfaktoren. Nach dem Belastungs-Beanspruchungskonzept von Rohmert und Rutenfranz sind Belastungen „objektive, von außen her auf den Menschen einwirkende Größen und Faktoren“. Beanspruchungen sind „deren Auswirkungen im Menschen und auf den Menschen“. Dies ist eine neutrale Begriffsbestimmung (DIN 33 405).
Beim handlungregulationstheoretischen Belastungskonzept von Oesterreich, Leitner & Resch; Semmer, u.a. werden unter „psychischen Belastungen bei der Arbeit alle diejenigen Faktoren der Umwelt bezeichnet, die eine Handlungsregulation auf dem Weg zur Zielerreichung unterbrechen, behindern oder die Zielformulierung selbst in Frage stellen.“ (Höge) Es ist streng bedingungsbezogen. Unter Beanspruchungen werden hier die negativen emotionalen oder gesundheitlichen Folgen dieser Belastungen bei einer bestimmten Person gesehen. Dieser Zusammenhang ist nicht probabilistisch konzipiert. Belastungen sind demnach stets negativ zu bewerten. Zudem sind Belastungen immer externe Stimuli, die aversive Zustände bewirken (nach Höge).

1.3.3 Begriffsklärung „Allgemeines Anpassungssyndrom“

Treten starke, z.B. existenz- und oder lebensbedrohende Stressoren auf, dann setzt das Gehirn und damit der Körper nach der physiologischen Stressforschung eine dreistufige Reaktionskaskade in Gang, die nach Selve als „Allgemeines Anpassungssyndrom“ bezeichnet wird. Dieses gliedert sich in die Anfangsphase „Alarm“. Besteht die Wirkung des Stressors weiter oder kommen weitere Stressoren hinzu, so reagiert das Gehirn und damit der Körper mit der Reaktionskette „Widerstand“. Ist keine passende, erleichternde Wirkung erfolgt oder möglich, wirkt also der Stressor weiter, so tritt „Erschöpfung“ ein. (Genaueres siehe unten.)

Zusammenfassend

1. „Stress wird mit Lazarus und Folkman (1984) streng relational definiert. Es handelt sich bei Stress weder um bestimmte Stimuli noch um bestimmte Zustände auf Seiten der Person, sondern um einen Prozess bei dem Faktoren der Umwelt mit Faktoren der Person so miteinander verbunden sind, dass ein aversiver emotionaler Zustand entsteht. „Stress“ ist demnach ein Synonym für „Stressprozess“.

2. Der negative emotionale Zustand der Person inklusive der physiologischen und verhaltensmäßigen Reaktionen - also die Wirkung des Stressprozesses - wird als Beanspruchung oder als „Stressreaktion(en)“ bezeichnet. Neben dem aktuellen emotionalen Spannungszustand können auch längerfristige Beanspruchungen entstehen. Diese können psychologischer Natur (z. B. psychische Funktionsbeeinträchtigungen) oder psychophysischer Natur (z. B. psychosomatische Beschwerden) sein.

3. Stressoren sind interne oder externe Stimuli, die mit hinreichender Wahrscheinlichkeit in einer gegeben Population Stress auslösen können. Ihr Zusammenhang mit Beanspruchung bzw. Stressreaktionen ist probabilistisch und wird beeinflusst durch Bewertungsprozesse der Person.

4. Hingegen wird von psychischen Belastungen gesprochen, wenn diejenigen Bedingungen gemeint sind, die innerhalb des theoretischen Rahmens der Handlungsregulationstheorie als psychische Belastungen bezeichnet werden. Dabei handelt es sich um Bedingungen, in denen die Handlungsregulation einer Person (Handlungssteuerung) entweder durch sog. Regulationshindernisse unterbrochen wird, die psychische Regulation überfordert wird oder die Formulierung des Handlungsziels selbst uneindeutig ist.“ (Höge)

5. Bei Situationen mit anhaltendem und / oder starkem Stress wirken starke, in der Regel existenz- oder lebensbedrohende Stressoren. Diese lösen im Gehirn und Körper kaskadenartig aufsteigende Reaktionen über die Alarm-, Widerstands- und Erschöpfungsphase aus. Es sind massiv in die Physiologie des Körpers eingreifende Reaktionen, die bei fehlenden, ausreichenden Erholungszeiten dazwischen letztlich schwere Erkankungen auslösen können. Die Reaktionskaskade wird in der physiologischen Stressforschung als „Allgemeines Anpassungssyndrom“ (Selve) bezeichnet. (Genaueres siehe unter „Stressreize - Gehirn- und Körperreaktionen)

2 Wirkungen von „Stress“

Bei allen Belastungen und Stress ebenso wie bei achtsamem Verhalten werden in einem Menschen, in Psyche und Körper, unter Beteiligung von Umwelteinflüssen und persönlichen Gegebenheiten Prozesse ausgelöst. Bei Belastungen und Stress wirken diese spätestens bei häufigerem oder gar anhaltendem Auftreten für Menschen negativ. Genau umgekehrt wirken alle Elemente eines achtsamen Verhaltens bzw. einer achtsamen Haltung bei häufigem Praktizieren positiv auf alle geistigen und körperlichen Prozesse.

2.1 Stress

Durch Umweltgegebenheiten ausgelöste Wahrnehmungen einer Gefahr reagiert das Gehirn und in Folge der Körper mit der Ausschüttung von Botenstoffen, die insbesondere den Körper in Alarmbereitschaft versetzen. Stressreaktionen

- beruhen aud einem uralten genetischen Programm;
- dienen der Lebenserhaltung durch den Flucht- oder Angriffsmechanismus;
- werden aktiviert bei wahrgenommener Gefahr: immense Energiebereitstellung (Adrenalinausschüttung, Aktivierung des Sympathikus);
- bewirken eine Mobilmachung aller Körperreserven (Puls, Blutdruck, Atmung) durch eine Alarmreaktion des Körpers in Millisekunden;
- und sind modulierbar durch das Gefühl der Kontrolle über die Situation.

Somit sind Stressreaktionen lebenswichtige Vorgänge im Sinne eines Schutzes vor Gefahr für Leib und Leben und damit ein evolutionär begründeter, menschlicher Verteidigungsmechanismus.

2.1.1 Gehirnaktivitäten bei Stress

Aus der Verhaltens- und psychologischen Stressforschung sowie der Neurobiologie wissen wir, wie Entscheidungsprozesse im Gehirn aufgrund einer Wahrnehmung ablaufen. Entscheidend ist, worauf sich die Aufmerksamkeit richtet. Die Aufmerksamkeit ist der ´Suchscheinwerfer´ der Sinne. Aufmerksamkeit steuert den Wahrnehmungsfokus der Sinne auf der Basis der assoziierten Gedächtnisinhalte (vgl. Roth). So wird der Fokus auf die individuell wichtigen Bedeutungsinhalte gelenkt. Die Selektion erfolgt dabei auf der Basis der zu erwartenden Ereignisse. Die Aufmerksamkeit registriert im Wahrnehmungsprozess die neuen Bedeutungsaspekte, damit Handlungsstrategien verändert und angepasst werden können. Aufmerksamkeit ist der Filter für das Bewusstsein. Sie steuert Bewusstseinszustände, indem sie die Konzentration auf individuell wichtige Wahrnehmungsvorgänge steigert und

die Sinneskanäle (innengeleitet durch die aufkommenden Gefühle, außengeleitet durch nicht erwartete Reizimpulse) für neue Reizimpulse sensibilisiert.
Hier spielt das limbische System eine zentrale Rolle, konkret die Amygdala in Zusammenspiel mit dem Hyppocampus. Hereinkommende Nervensignale aufgrund einer Wahrnehmung (Sinnesorgane) bewirken eine erste (primäre), in Millisekunden ablaufende Lageeinschätzung und entscheiden, ob eine neutrale, positive oder gefahrbehaftete Situation vorliegt. Die Einschätzung einer Bedrohung löst stresshafte Reaktionen aus (siehe „Allgemeines Anpassungssyndrom"). Ist eine unmittelbare Reaktion erforderlich, wird diese ohne Einschalten des Cortex aufgrund bisheriger Erfahrungen eingeleitet. Kriterien sind für eine solche Lageeinschätzung nach Lazarus: Eine Überzahl an drohenden Kräften, eine hohe zeitliche und räumliche Nähe der Gefahr und/oder die Uneindeutigkeit oder Unkontrollierbarkeit der Situation (siehe Lazarus in Burisch). Ist nach Einschätzung des limbischen Systems noch Zeit, so erfolgt eine sekundäre Einschätzung der Situation: Der frontale Cortex, das Bewusstsein agiert und schätzt ab, welche Ressourcen und Handlungsmöglichkeiten aktivier- und realisierbar sind. Bewusst wird eine Variante unter Einbezug aller Faktoren (physische, psychische, soziale, materielle) gewählt und umgesetzt: Eine Situationsbewältigung (coping) findet statt.

2.1.2 Stressarten

In der Literatur wird oft unterschieden zwischen EU-Stress ((griech.): eu = gut, wohl, normal) und DIS-Stress ((griech.): dys = schlecht, fehlerhaft). Aus medizinischer Sicht ist EU-Stress ein „normaler, physiologischer Stress, der den Zweck hat, mit einem stereotypen Reaktionsmuster den Menschen auf muskuläre Arbeit vorzubereiten. Dagegen wirkt DIS-Stress wenn körperliche Abreaktion ausbleibt oder wenn als Folge zu intensiver oder zahlreicher Stressoren die Stressreaktion übermächtig wird." (Schneller, T.)
Allgemeiner formuliert: Kann ein Mensch mit den Belastungen gut bzw. angemessen umgehen und wirken die Stress auslösenden Faktoren nur kurz, so kann er den Stress als positiv wahrnehmen: Er steht unter EU-Stress.
DIS-Stress tritt bei allen Anforderungen und Situationen auf, die ein Mensch als negativ empfindet. Die z.B. nicht zur eigenen Zufriedenheit bewältigbar sind, die über einen längeren Zeitraum andauern oder auf die der Körper nicht reagieren kann. In der Folge fühlt sich der Mensch überbeansprucht und ausgezehrt. DIS-Stress kann sich auch aus ursprünglichen EU-Stress Situationen entwickeln, wenn diese einen je individuellen Zeitraum überschreiten.

Einen Überblick über die beiden Stressarten gibt die folgende Tabelle:

Eu-Stress	**Dis-Stress**
-kurzfristige Anspannungsereignisse.	-langfristige, wiederkehrende Überlastungen.
-Fordert Sie heraus, aber Sie wissen, wie Sie die Situation bewältigen können.	-Überfordert Sie, weil Sie sich hilflos und handlungsunfähig fühlen.
-Sie sind leistungsfähiger und können zusätzliche Kräfte aktivieren.	-Sie sind gehemmt und blockiert, Probleme können Sie nicht mehr rational lösen.
-wechselt sich mit Entspannung ab.	-Entspannungsphasen fehlen.
-macht Sie optimistisch, glücklich und stark.	-macht Sie ängstlich, gereizt und erschöpft.

(https://www.netdoktor.de/stress/distress-und-eustress/)

2.1.3 Stressreize - Gehirn- und Körperreaktionen

Für das je eigene Verhalten und die eigene Haltung ist es bedeutsam im Sinne des Erhalts von erfahrener Selbstregulation und Selbstwirksamkeit frühzeitig zu beachten: Ist ein Mensch durch Gegebenheiten seiner Umwelt mit seinen von ihm aktivierbaren Ressourcen regelmäßig oder über einen längeren Zeitraum überfordert, so tritt DIS-Stress auf. Wirkt ein bis mittleres Stressniveau regelmäßig auf einen Menschen ein, dann schalten Gehirn und Körper in eine Art Notmodus, indem z.B. die Leistungsfähigkeit und Aufmerksamkeit bei einem betroffenen Menschen abnehmen. Dies sind Signale, um rasch, konkret und konsequent Änderungen einzuleiten. Werden solche Signale missachtet, wird z.B. kein Ausgleich durch entsprechende Erholungsphasen oder angemessene körperliche Betätigungen geschaffen, so wird der Mensch krank: Häufig treten z.B. zunehmende Kopf-, Rücken- und Verspannungsschmerzen (u.a. Migräne) bis hin zu Schlafstörungen auf. Auch dies sind weitere Warnzeichen des Körpers. Finden auch diese keine Beachtung, weil ein Mensch z.B. im Berufsfeld genötigt ist bzw. wird, oder er an sich die Anforderung stellt „immer (in seinem individuellen Grenzbereich) funktionieren zu müssen", dann führt die Entwicklung bis hin zum Burnout-Syndrom gefolgt von einer intensiven Behandlung mit meist längerer Arbeitsunfähigkeit.

Bei vom Gehirn als existenz- oder lebensbedrohend eingestuften Situationen wissen wir aus der physiologischen Stressforschung, dass ein Mensch nur kurze Zeit intensiv einwirkenden Stressoren widerstehen kann. Bei anhaltendem Einwirken eines Stressors bzw. von Stressoren tritt nach Selve das „Allgemeine Anpassungssyndrom" ein. Selve unterscheidet dabei drei Phasen: Alarm, Widerstand und Erschöpfung (vgl. Burisch). Tritt der Stressor, z.B. eine konkretes Gefahrenmoment auf, so startet das Gehirn die Alarmphase, indem es über den Hypothalamus die Nebennierenrinde und das Nebennierenmark aktiviert. Diese setzen Adrenalin und Noradrenalin frei, was den Blutdruck erhöht und den Puls beschleunigt. Zugleich wird das vegetative Gleichgewicht in Richtung Sympathikus verlagert. Dies bewirkt, dass der Körper sich der Zucker- und Fettreserven bedient, um so die Muskulatur besser zu versorgen. Auch erfährt sowohl die Verdauungs- als auch die Sexualfunktion sowie die Immunabwehr eine Beeinträchtigung. Die kognitive Leistungsfähigkeit wird in dieser Phase stark beschränkt bzw. vermindert. Das Gehirn aktiviert sein gesamtes Erfahrunggedächtnis, das ca. tausendmal schneller als der frontale Cortex (Bewusstsein) schaltet, um der Gefahr zu begegnen und so den Körper in Flucht- oder Angriffsmodus versetzt. Die Sinne sind geschärft, der Körper ist auf eine enorme Reaktionsschnelligkeit und muskuläre Belastung eingestellt. Ist die „Gefahr" überstanden, schalten Gehirn und Körper in eine passende Ruhephase: Die Körperfunktionen normalisieren sich wieder.
Besteht bzw. wirkt der Stressor über eine längere Zeit, d.h. tritt keine Entwarnung ein bzw. kommen erneut oder neue Warnwahrnehmungen dazu, verdichtet sich die Alarmreaktion, was den Organismus in die Resistenzphase versetzt, die zweite Phase des Allgemeinen Anpassungssyndroms. Jetzt entfesselt sich die Alarmreaktion schneller als aus der Ruhelage heraus. Es tritt eine Schwächung des Immunsystems ein, meist schrumpft auch die Thymusdrüse, die das Immunsystem steuert. Auch steigt die Erkrankungswahrscheinlichkeit durch nicht abgebaute Fettsäuren im Köper (Übersäuerung). Da die Blutgerinnung erhöht wird (Schutz bei stärkeren Blutungen), steigt die Thrombosegefahr, die Wahrscheinlichkeit von Kreislauferkrankungen sowie das Risiko eines Herzinfarkts. Auch werden Darmerkrankungen (mangelnde Immunabwehr) und kognitive Beeinträchtigungen gefördert. Gehirn und Körper aktivieren die letzten Reserven zur Bewältigung des Gefahrenmoments und zum Überleben.

Es hängt nach Burisch von den physisch-konstitutionellen Faktoren eines Menschen ab, an welchen Organen die Schädigungen am frühesten und massivsten auftreten. Eine physisch-stabile Person kann mehrere Widerstandsphasen bei dazwischen liegenden ausreichenden Erholungszeiten und weniger schwerer Belastungen gesund überstehen.
Erstreckt sich eine stark bzw. sehr stark belastende Stresssituation kontinuierlich über einen längeren Zeitraum, so leitet das Gehirn und damit der Körper eine chronische Erschöpfungsphase ein („Der Kampf wird aufgegeben."). Dies bedeutet, dass die Symptome der Alarmphase in irreversibler Art und Weise ein weiteres Mal auftreten. Dies kann, ohne dass ein organisches Versagen eintritt zum Tode führen (vgl. Seligmann).
Was oben geschildert ist, stellt ein in der menschlichen Entwicklung tief verankertes „Programm" dar, das unabhängig vom frontalen Cortex aktiviert wird und ggf. diesen sogar „abschalten" kann. Treten im Berufsfeld oder im Privaten starke Stressoren auf, so ist die physiologische Reaktionskaskade, die auf höchste Muskelaktivierung (Angriff oder Flucht) angelegt ist, unpassend und höchst problematisch. Daraus folgt, das die Reaktionskaskade erst gar nicht voll zur Entfaltung kommen darf, sprich schon beim Einleiten der Alarmphase müssen sofort eintrainierte und damit erfahrungsbezogene Alternativen aktivierbar sein. Eintrainiert deshalb, weil das Gehirn beim Aktivieren der Alarmphase auf das Erfahrungsgedächtnis zugreift und so auch in die Lage versetzt werden kann zwischen Situationen mit starken Gefahrenmomenten (z.B. gefährlich, jedoch nicht lebensbedrohend; gefährlich und lebensbedrohend) zu unterscheiden, um so bei Beginn der Alarmphase eher passende Reaktionen einzuleiten. Trotzdem ist es wichtig zu wissen, dass die köperinternen Reaktionen aufgrund ihrer evolutionär tiefen Verankerung im Gehirn zwar individuell verschieden weiter bestehen und wirken. Dies bedeutet, dass unbedingt und konsequent in ausreichender Zahl und Zeit, Ruhe- und Entspannungsphasen einzuplanen sind.

2.1.3.1 Burnout-Syndrom

Burnout ist eine ernstzunehmende, aktuelle Erkrankung: Viele erfolgreiche Menschen aller Berufsgruppen, vor allem solche in sozialen sowie pädagogischen Berufsfeldern sind oft betroffen. Nach der Bundespsychotherapeutenkammer ist die Zahl der Betroffenen seit 2004 um mehr als das Siebenfache gestiegen mit allen Folgen für die Einzelnen und die Volkswirtschaft. „Das psychische und physische Belastungs- und Beanspruchungsniveau wird in maladaptiver Weise strapaziert und kann in ein Burnout münden." (Schramm) Derzeit existiert keine einheitliche Definition fürs

Burnout-Syndrom. Was es gibt sind psychische und physische Merkmale, die auf Burnout hinweisen. Eine Präzisierung nimmt Schaufeli und Enzmann (siehe auch Burisch) vor:

„Burnout ist ein dauerhafter, negativer, arbeitsbezogener Seelenzustand ´normaler´ Individuen. Burnout ist in erster Linie von Erschöpfung gekennzeichnet, begleitet von Unruhe und Anspannung (Distress), einem Gefühl verringerter Effektivität, gesunkener Motivation und der Entwicklung disfunktionaler Einstellungen und Verhaltensweisen bei der Arbeit oder im Privatleben. Diese psychische Verfassung entwickelt sich nach und nach, und kann jedoch für den betroffenen Menschen lange unbemerkt bleiben. Sie resultiert aus einer Fehlpassung von Intentionen und Berufsrealität. Burnout erhält sich wegen ungünstiger Bewältigungsstrategien, die mit dem Syndrom zusammenhängen, oft selbst aufrecht." (Schaufeli, Enzmann) Dies wird ergänzt durch die medizinische Definition: „Das Burn-out-Syndrom ist eine prozesshafte Erkrankung. Sie bezeichnet eine Systemerregung aus einer anhaltenden, sich allmählich aufschaukelnden Hyperstressreaktion. Diese leitet einen Auflösungsprozess der psychophysischen Selbstregulation ein (die alle willensunabhängigen Regulationsvorgänge steuert, u.a. das vegetative Nervensystem) und mündet meistens in eine manifeste schwere Depression" (Nelting). Diese Definition weist neben einer Stressreaktion vor allem auf die Bedeutung der Selbstregulation hin, was einen Ansatz für Interventionen aufzeigt. Die Begriffsbestimmung von Maslach benennt die drei Burnout-Komponenten nach denen der von ihm entworfene Fragenkatalog, das Burnout Inventory, vorgeht: „Burnout is a syndrome of emotional exhaustion, depersonalization, and reduced personal accomplishment that can occur among individuals who do „people work" of some kind. A key aspect of the burnout syndrome is increased feelings of emotional exhaustion; as emotional resources are depleted, workers feel they are no longer able to give of themselves at a psychological level. Another aspect is the development of depersonalization – i.e., negative, cynical attitudes and feelings about one‘s clients. This callous or even dehumanized perception of others can lead staff members to view their clients as somehow deserving of their troubles (…). A third aspect of the burnout syndrome, reduced personal accomplishments, refers to the tendency to evaluate oneself negatively, particularly with regard to one's work with clients. Workers may feel unhappy about themselves and dissatisfied with their accomplishments on the job." (Maslach, Jackson)

Die Ursachen für die vermehrte Arbeitsbelastung, z.B. im Bildungswesen liegen zum einen in der steigenden Heterogenität, dem oft fehlenden Respekt, der eingeschränkten bzw. fehlenden Lern- und Arbeitsbereitschaft der Lernenden, sowie in der allgemeinen Arbeitsverdichtung (z.B. Überfrachtung mit zu bearbeitenden Themenfeldern). Auch wirkt oft die Art der Kommunikationsstruktur bzw. -weise, des Organisationsklimas und Führungsverhaltens sowie die situationsunabhängig vorgegebenen Output-Regelungen beeinträchtigend. Dies führt bei betroffenen Personen oft zu einem Resignations- oder Ohnmachtserleben aufgrund der erfahrenen Überforderung. Burnout umschreibt im psychologisch-methodischen Zusammenhang gesehen einen längerfristig anhaltenden Prozess einer individuell zu hohen Energieabgabe bei nur dürftigem Erfolg und unzulänglicher Energiezufuhr im Sinne von ´Auffüllen´ bzw. Regenieren individueller Ressourcen (nach Burisch). In helfenden bzw. erziehenden Berufen wirken zudem zahlreiche emotionale und zwischenmenschliche Stressoren (Beziehungs- und Arbeitsplatzaspekte).

Burisch stellte für die Burnout-Symptomatik eine Zusammenstellung auf. Im Hinblick auf die Intention dieses Buches, nämlich präventive Ansätze zur Stressbewältigung aufzuzeigen, sind seine „Warnsymptome der Anfangsphase“ interessant:

„Warnsymptome der Anfangsphase

a) **Überhöhter Energieeinsatz**

- Hyperaktivität;
- freiwillige unbezahlte Mehrarbeit;
- Gefühl der Unentbehrlichkeit;
- Anerkennung von außen ist übermäßig wichtig;
- alles muss perfekt erledigt werden;
- Gefühl, nie Zeit zu haben;
- Verleugnung eigener Bedürfnisse;
- überfordernd hohe Erwartungen und Ansprüche an sich selbst;
- starke innere Antreiber (Kabat-Zinn);
- Verdrängung von Misserfolgen und Enttäuschungen;
- Beschränkung sozialer Kontakte auf Klienten.

b) **Erschöpfung**

- Nicht-Abschalten können;
- fehlendes oder ungenügendes Abgrenzenkönnen;
- Energiemangel (z.B. chronische Müdigkeit, Gedächtnisprobleme);
- Unausgeglichenheit (z.B. erhöhte Reizbarkeit, Rastlosigkeit);

- Gefühl der Hilflosigkeit (z.B. Resignation);
- erhöhte Unfallgefahr (z.B. Schwindelphasen, verringerte Konzentration);
- erhöhte Infektanfälligkeit.

c) **Psychosomatische Reaktionen**
- Schlafstörungen;
- Albträume;
- sexuelle Probleme;
- gerötetes Gesicht;
- Herzklopfen;
- Engegefühl in der Brust;
- Atembeschwerden (z.B. beschleunigter, flacher Atem);
- Beschleunigter Puls;
- Muskelverspannungen;
- Kopfschmerzen;
- erhöhter Blutdruck;
- Rückenschmerzen;
- nervöse Ticks;
- Verdauungsstörungen;
- Übelkeit;
- Magen-Darm-Geschwüre;
- Gewichtsveränderungen;
- veränderte Essgewohnheiten;
- mehr Alkohol/Kaffee/Tabak/andere Drogen.“ (nach Burisch)

Treffen mehrere Faktoren dieser Aufzählung zu, sollte spätestens dann aktiv, bedacht und konsequent im Sinne einer Selbstregulation an z.B. ein Ändern der Lebensführung / Lebenshaltung (Zeitmanagement, Einstellung bzw. ′Glaubenssätze′, usw.), der Ernährung, das Einplanen und Einhalten von Erholungsphasen sowie eine gesundheitsförderliche Schlafkultur vorgenommen werden.

Zusammenfassend: Angesichts der zwar individuell und graduell verschieden ausgeprägten Wirkungen von Stressoren im beruflichen wie privaten Bereich ist es für jeden / jede unabdingbar, sich zum einen der physiologischen, weil evolutionär fest verankerten Schaltmechanismen und Reaktionsweisen von Gehirn und Körper in Stresssituationen klar bewusst zu sein. Zum anderen sollte jede(r) daraus die je individuell passenden Schlüsse ziehen, um verantwortliche Entscheidungen für persönliche Maßnahmen und konsequente Aktivitäten zu treffen, die förderlich sind zum Erhalt der je eigenen Selbstregulation: Dies ist ein Aufruf, ein Gebot zum Aufbau einer individuellen achtsamen Haltung.

Die Grafik zeigt die Zusammenhänge von Person und Umwelt hinsichtlich der Wirkungen von Stress:

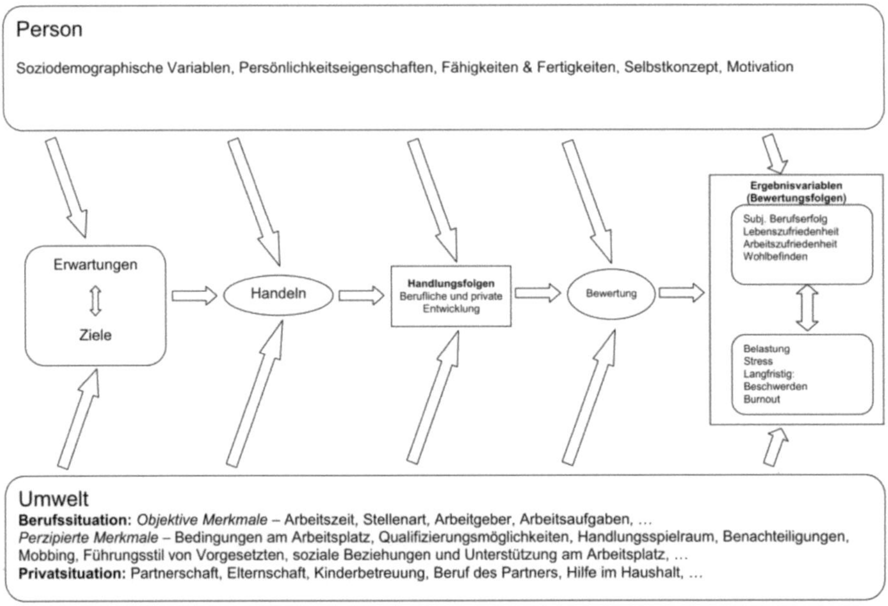

(Čandová)

Die nachfolgende Grafik zeigt den Verlauf hin zum Burnout in einer Spirale des Erschöpftseins:

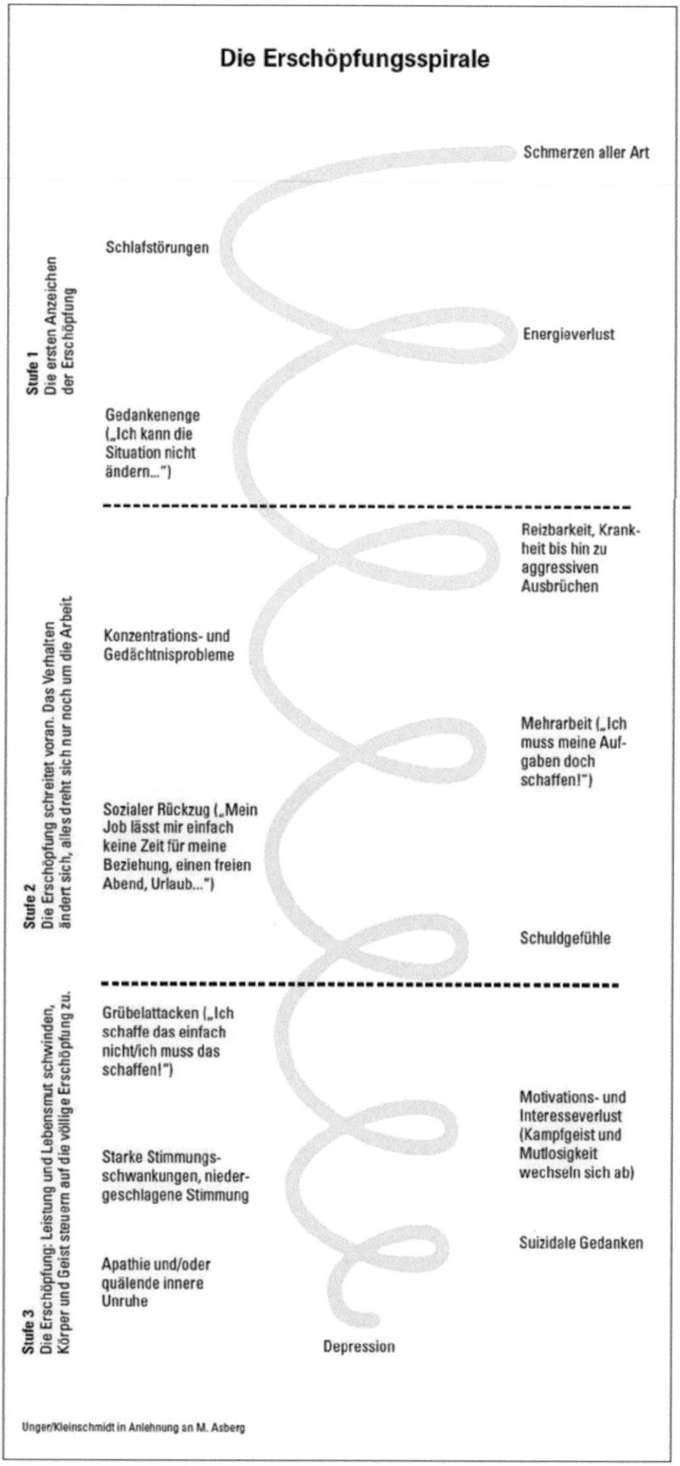
Die Erschöpfungsspirale
Schmerzen aller Art
Schlafstörungen
Energieverlust
Gedankenenge („Ich kann die Situation nicht ändern...“)
Stufe 1
Die ersten Anzeichen der Erschöpfung
Reizbarkeit, Krankheit bis hin zu aggressiven Ausbrüchen
Konzentrations- und Gedächtnisprobleme
Mehrarbeit („Ich muss meine Aufgaben doch schaffen!“)
Sozialer Rückzug („Mein Job lässt mir einfach keine Zeit für meine Beziehung, einen freien Abend, Urlaub...“)
Schuldgefühle
Stufe 2
Die Erschöpfung schreitet voran. Das Verhalten ändert sich, alles dreht sich nur noch um die Arbeit.
Grübelattacken („Ich schaffe das einfach nicht/ich muss das schaffen!“)
Motivations- und Interesseverlust (Kampfgeist und Mutlosigkeit wechseln sich ab)
Starke Stimmungsschwankungen, niedergeschlagene Stimmung
Suizidale Gedanken
Apathie und/oder quälende innere Unruhe
Depression
Stufe 3
Die Erschöpfung: Leistung und Lebensmut schwinden, Körper und Geist steuern auf die völlige Erschöpfung zu.
Unger/Kleinschmidt in Anlehnung an M. Asberg

3 Wirkungen von „Achtsamkeit“

Im Wesen von Achtsamkeit sind dialektische Elemente, scheinbare Paradoxien vorhanden: Aktivität vs. Passivität; Verändern vs. Beharren.
Einerseits ist Achtsamkeit passiv im Sinne von ein Geschehen beobachten ohne einzugreifen; Eindrücke und Abläufe rein aufnehmend, ohne Gefühle, Denkprozesse oder Intentionen zu bewerten (siehe Nyanaponika). Andererseits ist Achtsamkeit aktiv, indem Bewusstseinsregungen oder -inhalte genau registriert und aktiv beobachtet werden. Achtsamkeit ist somit eine Synthese von aktiv und passiv bzw. von Passivität und Aktivität.
Achtsamkeit will einerseits Veränderungsdruck lindern und belastende Zustände ändern, jedoch werden andererseits Wahrnehmungen lediglich bewusst und ohne den Versuch einer Reaktion betrachtet: Ungewollte Empfindungen werden wohlwollend akzeptiert (siehe Kabat-Zinn). Achtsamkeit besteht in einer genauen und offenen Wahrnehmung von aversiven inneren Erfahrungen. Dadurch wird „Veränderung durch Nicht-Veränderung” erreicht (vgl. Hart)!

Das Konstrukt „Achtsamkeit“ umfasst drei Bereiche: Achtsamkeit für sich selbst, Achtsamkeit im persönlichen Umgang mit Anderen und Achtsamkeit in und aus der Struktur einer Organisation.

3.1 Achtsamkeit aus organisationaler Sicht (Modelle)

Die Modelle machen auf Faktoren aufmerksam, welche die Bereitschaft der Mitarbeitenden beeinflussen, sich im Berufsfeld wohl zu fühlen und sich dort voll einzubringen, z.B. die Arbeitszufriedenheit, Arbeitsmotivation, Arbeitsplatzumgebung und Arbeitskontrolle. Solche Faktoren stehen beispielhaft für das Empfinden der Mitarbeitenden, welche die wichtigste Ressource für eine im sozialen und/oder pädagogischen Bereich angesiedelte Organisation darstellen (siehe de Jong).
A) Die *Zwei-Faktoren-Theorie der Motivation:* Diese bezieht sich z.B. auf die Bereiche Arbeitszufriedenheit und Arbeitsmotivation. Hierzu hat Herzberg eine Zwei-Faktoren-Theorie entworfen. Diese umfasst bei erlebter Arbeitszufriedenheit zwei Konstrukte, die Herzberg wie folgt benennt:

1. „Hygienefaktoren“ bekommen dann Bedeutung, wenn sie in einer Organisation fehlen. Die Abwesenheit dieser Faktoren führt zu Unzufriedenheit. Eine Verbesserung jener Aspekte kann jedoch niemals eine gänzliche Zufriedenheit schaffen.

2. „Motivationsfaktoren“ führen bei einem Nicht-Vorhandensein zu einer Nichtzufriedenheit, können jedoch bei einem Vorhandensein eine Zufriedenheit bei den Arbeitnehmern bewirken (siehe Burisch).

Herzberg benennt folgende Faktoren:

Hygienefaktoren:

· Führungsstil,
· Unternehmenspolitische Entscheidungen,
· Bedingungen am Arbeitsplatz,
· Beziehungen zu Kollegen, Mitarbeitern und Vorgesetzten,
· Status,
· extrinsische Belohnung,
· Arbeitssicherheit
· und persönliche berufliche Lebensbedingungen.

Motivatoren:

· Arbeitsleistung,
· Anerkennung und Lob der individuellen Arbeitsleistung,
· Beschaffenheit der Arbeitsaufgabe,
· Verantwortung,
· innerbetriebliche Karriereperspektiven
· und Möglichkeiten zum Wachstum (siehe von Rosenstiel, Nerdinger).

Nach Erkenntnissen von Herzberg ist es für eine im sozialen oder pädagogischen Bereich tätige Organisation zunächst wichtig, dass die „Hygienefaktoren“ verbessert werden, um Unzufriedenheit zu verringern bzw. diese erst gar nicht aufkommen zu lassen. Eine erhöhte Arbeitszufriedenheit und damit Arbeitsmotivation lässt sich aus Organisationsperspektive in einem zweiten Schritt durch das Beachten und Kultivieren der motivationalen Aspekte herstellen. Aus diesem Grund ist es aus Organisationsperspektive sinnvoll, die „Motivationsfaktoren“ bald zu erreichen. Die Zwei-Faktoren-Theorie beinhaltet wesentliche Hinweise, um Stresssituationen in einer Organisation zu vermindern. Vor allem auf sozial-helfende Berufsgruppen kann diese Theorie übertragen werden.

Burisch verdeutlicht, dass Angehörige von sozialen Berufsgruppen in aller Regel ein hohes Augenmerk auf den Aspekt des Idealismus richten. Diesen Berufsgruppen erscheinen zunächst äußerliche Arbeitsbedingungen (Hygienefaktoren) als sekundär, so lange im Tätigkeitsfeld bei der konkreten Arbeit mit z.B. den Kindern und Jugendlichen aus priorisierter, zweigeteilter Sichtweise alles andere untergeordnet wird. Erleben diese Personen allerdings Probleme bei den Motivationsfaktoren, sei es, dass Erfolge ausbleiben oder dass ihnen wenig eigener Handlungsspielraum und Anerkennung entgegen gebracht wird, findet eine Priorisierungsverschiebung hin zu den Hygienefaktoren statt. Sind dann auch noch die Hygienefaktoren dysfunktional gestaltet (z.B. überfrachtete Arbeit, hoher Vor- und Nachbereitungsaufwand, geringe extrinsische Entlohnung, wenig Aufstiegsmöglichkeiten), kann eine chronische Unzufriedenheit sich entwickeln, die zunehmend Stress bewirkt (vgl. Burisch).

B) Das *Person-Environment-Fit-Konzept*: Dieses Modell verdeutlicht die Bedeutung einer (dynamischen) Balance zwischen der beschäftigten Person und ihrer Arbeitsplatzumgebung.
Dieses immer wieder zu gewinnende Gleichgewicht muss sich aus diesen Faktoren zusammensetzen:

- den Fähigkeiten und Fertigkeiten der beschäftigten Person und den an sie gerichteten Arbeitsplatzanforderungen sowie
- aus ihren intraindividuellen Bedürfnissen und den jeweiligen Möglichkeiten zu deren Befriedigung in der jeweiligen Arbeit (nach von Rosenstiel, Nerdinger).

Psychisches Stresserleben tritt dann ein, wenn die Anforderungen und die individuellen Fähigkeiten divergieren (subjektive Über- oder Unterforderung), bzw. wenn die individuellen Bedürfnisse nicht ausreichend befriedigt werden. Burisch vergleicht ein Person-Environment-Misfit mit einem schlechtsitzenden Kleidungsstück, das zum einen spannt und zum anderen sensible Körperpartien nicht bedeckt. Wie lange ein derart ungemütlicher Zustand erduldet werden kann, und ob ein sich steigerndes Stressentstehen die Folge ist, hängt von den jeweiligen, individuellen Auswahlmöglichkeiten des Arbeitsmarktes ab (vgl. Burisch).
„Person-Environment-Fit eignet sich vorzüglich als relativ umfassendes Denkmodell, sowohl für Stress- als auch für Burnout-Prozesse. Eine Umwelt, die ein Individuum zu häufig oder zu intensiv vor subjektiv bedrohliche Situationen stellt, oder ihm zu häufig oder zu nachhaltig wichtige Bedürfnisbefriedigungen vorenthält, sorgt für Stress, u.U. Dauerstress. Scheitern die Bewältigungsversuche oder sorgen sie für nunmehr „hausgemachte" Bedrohungen/Frustrationen, dann ist der Weg für einen Burnout-Prozess bereitet." (Burisch)
Daher gilt es von Seiten des Trägers einer Organisation eine geeignete Organisationsstruktur mit einem passenden Rechtsrahmen gemäß dem Auftrag der Organisation zu definieren und konstituieren. Auch müssen die zum Kerngeschäft der Organisation gehörenden Aufgaben klar umrissen und tatsächlich vollumfänglich in der jeweils vor Ort gegebenen Situation und Zeit mit der jeweiligen Zielgruppe bewältigbar sein. Sodass sich für die in der jeweiligen Organisation im Kerngeschäft tätigen Personen entsprechend dem

Auftrag passende bzw. erforderliche Gestaltungsspielräume zum situativ verantwortlichen Handeln eröffnen. Ein weiteres Element sind qualifizierte, ausreichende Fort- und Weiterbildungsangebote, die es den Mitarbeitenden ermöglichen, ihre Kenntnisse und Fertigkeiten kontinuierlich auszubauen, aktiv Neues zum Kerngeschäft ihres Tätigkeitsfeldes zu erfahren und ein berufliches Weiterentwickeln ermöglichen. Wesentlich ist ebenso, dass diese Organisationen durch im Berufsfeld erfahrene, besonders zusätzlich ausgebildete Führungspersonen professionell geleitet werden (siehe de Jong).

C) *Theorie der gelernten Hilflosigkeit* nach Seligman. Gerade in sozialen und/oder pädagogischen Berufsfeldern Tätige haben berufsbezogen eine stärker ausgeprägte intraindividuelle „Kontrollinstanz" aktiv. Diese hat die Maxime, dass von ihnen erzielte Ergebnisse von den eigenen Fähigkeiten und/oder dem eigenen Verhalten sowie dem Arbeitseinsatz abhängen.
Wohingegen eine Person externe Kontrolle verspürt (Unkontrollierbarkeit), wenn in ihrem Denken der Ansatz besteht, dass ihre Ergebnisse nicht von ihren individuellen Fähigkeiten abhängen, sondern von externen, für sie unkontrollierbaren Variablen (vgl. Rotter). „Die große Bedeutung von Kontrolle wurde u.a. von Seligman in seinen Untersuchungen über Unkontrollierbarkeit und Hilflosigkeit gezeigt." (Herkner)
Seligman beschreibt erlernte Hilflosigkeit wie folgt: „Wenn die Wahrscheinlichkeit, dass ein Ereignis auf ein gewisses Verhalten folgt, gleich der Wahrscheinlichkeit ist, dass das Ereignis auch ohne das Verhalten eintritt, dann gilt, dass das Ereignis unabhängig ist von dem Verhalten. Wenn das Ereignis von allen Verhaltensweisen unabhängig ist, liegt eine Unkontrollierbarkeit vor. Ein unkontrollierbares Ereignis führt bei einem Organismus dazu, dass er Hilflosigkeitsgefühle erlebt." Die Wahrnehmung, dass eine Situation nicht beeinflussbar ist, nennt Seligman „gelernte Hilflosigkeit". In Folge konditioniert sich ein Individuum dahingehend, dass es hier keine Situationskontrollierbarkeit besitzt und projeziert diese Kognition auch auf zukünftige Situationen, die jedoch eventuell kontrollierbar wären.
Eine erlernte Hilflosigkeit weist nach Seligman drei Konsequenzen auf:

1. „Die Motivation wird nachhaltig negativ beeinflusst. Eine erlernte Hilflosigkeit fördert passive Verhaltensweisen, denn wenn eine Persönlichkeit erkennt, dass ihre Handlung keinen Einfluss auf Ereignisse hat, schwindet die Motivation für Arbeitsleistung.
2. Lernprozesse werden ebenfalls gestört. Dadurch, dass eine Person nicht lernt, dass eine Korrelation zwischen Verhalten und Ereignis besteht, ist es für sie später schwer einen derartigen Zusammenhang zu erkennen.

3. Die Gefühlswelt einer Persönlichkeit wird in Mitleidenschaft gezogen. Erlernte Hilflosigkeit bedingt Traurigkeit ebenso wie depressive Verhaltensmuster, da ein Charakter erkennt, nichts ändern zu können und der Welt passiv ausgeliefert zu sein.“ (vgl. Herkner)

Wie stehen nun Stresserleben zu erlernter Hilflosigkeit in Zusammenhang? Das folgende Beispiel veranschaulicht dies:
Eine Fach- oder Lehrkraft verspürt externe Kontrolle, weil sie erkennt, dass sie nicht selbst im gesetzten Rahmen (Arbeitsplan) über die Qualität und Zeit ihrer pädagogischen Tätigkeit bestimmen darf, sondern immer wieder externe, kerngeschäftfremde Vorgaben erfüllen muss (weniger Zeit für Kinder bzw. Jugendliche). Auch erfährt sie in kritischen Situationen keine konkrete Unterstützung, sondern muss unter Einhaltung rechtlicher Vorgaben alleine irgendwie klar kommen. Täglich ist sie den Stimmungen und Verhaltensweisen der Kinder bzw. Jugendlichen ausgesetzt. Werden Ziele aufgrund von externen Gegebenheiten, die von ihr nicht beeinflussbar sind, nicht erreicht, wird sie trotzdem verantwortlich gemacht. Hinzu kommt der Aspekt, dass sie für ihre täglich sehr herausfordernde, anspruchsvolle pädagogische Tätigkeit kein Vorgesetzten-Lob und keinen Zielpersonen- oder Erziehungsberechtigtendank erhält. Ihre idealistische, gruppen- und personorientierte Arbeit ist unabhängig von Lob und Anerkennung zu erbringen. Die externe Unkontrollierbarkeit fördert Hilflosigkeit und erlernte, globale, stabile und internale Hilflosigkeit. Die Situationsunkontrollierbarkeit kann Stressreaktionen bewirken, da die Fach- oder Lehrkraft Sinnlosigkeit und Leere empfindet.
Die Prävention einer „erlernten Hilflosigkeit“ und den damit aufkommenden Stresserfahrungen ist für jede im sozialen und/oder pädagogischen Bereich angesiedelte Organisation eine große Herausforderung. Dabei stellt die Vereinzelung in der Tätigkeit beim Kerngeschäft die größte Herausforderung dar:

- Die Anzahl, die Heterogenität und die Arbeitshaltung der Zielpersonen.
- Die Anforderung, jeder Zielperson individuell gerecht werden zu sollen.
- Die herangetragene Anspruchshaltung, bei geringer bis fehlender Unterstützung.
- Der geringe bis fehlende Respekt für Person sowie das geleistete Engagement.

Dies alles zehrt am individuell vorhandenen Energiekontingent. Das Gefühl der Hilflosigkeit lässt sich nur vermindern oder auflösen durch Erfahrungen der Handlungsfähigkeit, des Selbstwirksamseins und der Selbstregulation. Solche Erfahrungen sollten sowohl im Berufsfeld selbst als auch berufsaffin

extern stattfinden. - Innerorganisatorische, situationsspezifische Maßnahmen könnten Handlungsfähigkeit stärken im Sinne von: Ich bin nicht allein, es gibt unterstützende Ansprechpersonen! Ich bin im Aufgabenfeld kompetent!
Solche Maßnahmen könnten sein: Verbindliche, gemeinsame Absprachen bezogen auf die Zielgruppe, Arbeiten im Team mit gegenseitigen Hospitationen, Anfordern von systeminternen, jedoch neutralen Beratungsfachkräften, Gespräche aller in der Zielgruppe Tätigen mit verbindlichen Absprachen mit der Zielgruppe und einzelnen Kindern bzw. Jugendlichen, regelmäßige Supervisionen, individuelles Coaching durch Externe, Teilnehmen an passenden, themenbezogenen Fort- und Weiterbildungen mit vertraulichen Trainingselementen und intensivem Austausch. Um solche innerorganisa-torischen Maßnahmen zur Wirkung bringen zu können, sollte die volle Unterstützung sowohl des Trägers als auch der jeweiligen Führungsperson gegeben sein.
Darüber hinaus ist jeder in sozialen und/oder pädagogischen Berufsfeldern tätigen Person zu empfehlen, sich zu ihr passende Aktivitäten auszuwählen, um z.B. auf neutralem Boden tiefere Erfahrungen mit sich selbst zu sammeln, wodurch sowohl die Selbstwirksamkeit als auch die Selbstregulationsfähigkeit erfahrbar gestärkt werden. Auch wissenschaftlich gesicherte Ansätze sind hier z.B. das Zürcher Ressourcen-Modell, Seminare in Themenzentrierter Interaktion, Seminare in Transaktionsanalyse sowie die Bewegungselemente mit einbeziehenden Kurse in Hatha Yoga. Wer sich vertiefend mit einem jeweiligen Bereich beschäftigen will, kann in all diesen Ansätzen auch eine Ausbildung bis hin zu zertifizierten, anerkannten Abschlüssen durchlaufen. Allen genannten Ansätzen ist gemeinsam die Intention der Achtsamkeit, der Stärkung des inneren Selbst in Verantwortung für sich und andere. Darüber hinaus gibt es noch weitere, oft aus dem asiatisch-meditativen Bereich stammende Ansätze. Entscheidend ist bei allen ein selbstbestimmtes, konsequentes „Dranbleiben“ und „Durchhalten“, um individuell und reflektiert positive Erfahrungen mit sich selbst und anderen machen zu können.

3.2 Wirkungen von individueller Achtsamkeit - Aufbauen einer Haltung

Das Aufbauen einer achtsamen Haltung ist möglich durch vielfältige subjektiv positive Erfahrungen, ritualisierte Übungen, Konzentration auf das je Wesentliche und Dranbleiben.
„Die elementarste Form des Dranbleibens ist die Konzentration. Jedoch ist Dranbleiben mehr als Konzentration. Dranbleiben ist eine individuelle, menschliche Qualität, die damit zusammenhängt, eigene Ziele zu erkennen,

aktuell stimmige auszuwählen und konsequent zu verfolgen - und vor allem sie auch wiederzufinden, wenn sie für eine Weile in den Hintergrund getreten sind. ... Während Konzentration vor allem eine Bündelung der Aufmerksamkeit ist, geht es beim Dranbleiben um die Verteilung der Aufmerksamkeit auf die verfügbare Energie. ... Konzentration ist Taktik, Dranbleiben ist Strategie und beruht auf einer inneren Ordnung, die Loslassen und Lenken einschließt" (nach Schmidbauer).

Bei der Tätigkeit in einem sozialen, pädagogischen Berufsfeld gilt es auf professionelle Weise Empathie zu zeigen und zu leben, was bedeutet, dass statt selbstvergessen die Sorgen, Nöte und Probleme einer Zielperson aufzuarbeiten, eine passende Balance zwischen Distanz und Nähe und somit die je eigene Handlungsfähigkeit und Selbstregulation erhalten bleibt. Das Aufbauen einer je auf die eigene Person ausgerichteten Achtsamkeit ist dabei hilfreich.

Baer identifizierte folgende Wirkmechanismen, die sich durch Achtsamkeitsübungen entwickeln: Exposition, kognitive Veränderungen, Selbstmanagement, Entspannung und Akzeptanz.

Shapiro et al., Kabat-Zinn, u.a. erklärten die Wirksamkeit einer achtsamen Haltung und die darauf aufbauende je eigene Achtsamkeitspraxis durch den nicht-wertenden, wohlwollend-annehmenden Umgang mit allen eigenen Erfahrungen. Diese Haltung bewirkt eine veränderte Perspektive, die sie als ′reperceiving′ bezeichnen. Hierdurch ermöglicht das Praktizieren von Achtsamkeit mit allen aufkommenden Gedanken, Gefühlen und Empfindungen wohlwollend akzeptierend eins zu sein, ohne etwas zu vermeiden, zu verdrängen, zu verändern oder an etwas festzuhalten (reperceiving). Verbunden mit diesem übergeordneten Prinzip postulieren die Autoren zudem „vier Mechanismen von Achtsamkeit:

1. Durch reperceiving können sich Achtsamkeitspraktizierende für mehr Informationen öffnen, denen sie sich vorher möglicherweise aufgrund wertender Urteile oder selbstschützender Abwehrmechanismen (siehe Carlson) nicht zuwenden konnten. Dadurch kann auf ein größeres Repertoire an Bewältigungsstrategien zurückgegriffen werden, wodurch die Fähigkeit zur Selbstregulation insgesamt gestärkt wird.
2. Der Prozess des reperceiving fördert zudem die Klärung von Werten. Das bedeutet, dass die Achtsamkeitspraxis dazu verhelfen kann, eigene Bedürfnisse und Werte wahrzunehmen und das eigene Verhalten mehr danach auszurichten.
3. Die kognitive, emotionale und behaviorale Flexibilität erhöht sich, da reperceiving zu einer klareren Einschätzung und Anpassung an die

situativen und kontextuellen Anforderungen verhilft und dadurch das Zurückfallen in rigide, reaktive und automatisierte Denk- und Verhaltensmuster reduziert und schließlich aufzulösen vermag.

4. In Anlehnung an die Wirksamkeit der Exposition in therapeutischen Kontexten wird angenommen, dass sich Achtsamkeitspraktizierende durch das reperceiving auch sehr schwierigen Gedanken, Gefühlen und Empfindungen aussetzen können, wodurch sich der aversive Charakter reduziert bis schließlich ein Angst- und Vermeidungsverhalten nicht mehr ausgelöst wird.“ (in Sauer)

Hölzel et al. integrierte konzeptuelle, psychologische und neurowissenschaftliche Erkenntnisse, um die positiven Effekte von Achtsamkeit zu erklären. Nach Hölzel et al. sind diese wahrscheinlich auf ein Konglomerat an interaktiven Mechanismen zurückzuführen, die mit den subtilen Prozessen der Aufmerksamkeitsregulation, der Emotionsregulation, der Körperwahrnehmung sowie der selbstbezogenen Informationsverarbeitung zusammenhängen. Alle Autoren betonen, dass diese Prozesse eng miteinander verwoben sind, sich einander bedingen und gegenseitig unterstützen (siehe Sauer).

Regulation der Aufmerksamkeit

Prozesse der Regulation der Aufmerksamkeit werden z.B. nach Malinowski als wesentliche Wirkmechanismen von Achtsamkeit bezeichnet, da sie sowohl auf kognitive, emotionale und behaviorale, sowie auf physiologische Funktionsbereiche ausstrahlen. Nach Malinowski u. A. bewirkt eine Schulung der Aufmerksamkeit ebenfalls mehr Flexibilität hinsichtlich des Umgangs mit den eigenen Gedanken und Gefühlen. So werden mentale Kernprozesse verbessert, was das Entwickeln und Bestärken eines nicht-wertenden Innenblicks fördert. Diese Prozesse wirken positiv sowohl auf Physis als auch Psyche, indem sie Gefühle des Wohlseins stärken. Zugleich bauen sich eher Verhaltensweisen auf, die mit größerer Bewusstheit und Flexibilität erfolgen. Durch erlebte positive Situationen festigen sich diese Verhaltensweisen.

Auch haben verschiedene Untersuchungen ergeben, dass ein Training der Achtsamkeit sich dazu eignet, das je eigene mentale Abschweifen (mind wandering) zu verringern, was sich leistungssteigernd auswirkt: Beim Training von Achtsamkeit nehmen die Teilnehmenden durch wertfreies Beobachten folgende Abläufe wahr: Gedankenwanderung, bewusste Wahrnehmung des Gedankenwanderns, bewusste Lenkung der Aufmerksamkeit auf das persönliche Ziel, z.B. die Atmung, Aufrechterhalten der Aufmerksamkeit. Erfahrungen hier wirken sich positiv auf andere Funktionsbereiche aus.

Regulation der Emotionen

Ein Üben von Achtsamkeit ist zugleich ein Einüben von Strategien des Emotionsregulierens. Im Training der Achtsamkeit nimmt ein Mensch seine Emotionen wahr, erkennt und benennt sie z.B. auch durch Achten auf emotionsbezogene Körpersignale. So wächst eine je eigene emotionale Kommunikation, was Grundlage für die Regulation von Emotionen ist. Bei diesen Vorgängen wächst auch das Verständnis über die Ursachen bzw. das Zustandekommens sowie den Ablauf der eigenen emotionalen Prozesse, was nachhaltig für jede Persönlichkeit wirkt.

Mit Schulz von Thun gesprochen ist hier das „Innere Oberhaupt" dabei mit seinem „Inneren Team" in Kommunikation bzw. eine Konferenz zu treten. Das „Innere Oberhaupt" ermöglicht durch das differenzierte Wahrnehmen, Erkennen und Benennen seiner „Inneren Mitspieler" (Emotionen, Gefühle) in bewertungsfreier Weise auch ein „inneres Reflektieren" von unangenehmen, schweren und belastenden Gegebenheiten (Situationen, Erfahrungen). So gelingt es eher mit situtionsbezogen emotional überformten kognitiven Bewertungen, motivationalen Verhaltensimpulsen, einem unspezifischen Emotionsausdruck sowie mit subjektiven Gefühlen innerlich klar zu kommen und im Sinne einer passenden Selbstregulation zu agieren. Positive Erfahrungen der Fähigkeit zur Regulation der je eigenen Emotionen ermöglichen insbesondere auch das Tolerieren, Aushalten und Akzeptieren von belastenden Emotionszuständen („Aha, du gehörst auch zu mir!"), selbstunterstützende Verhaltensweisen (z.B. Das packe ich! Da finde ich eine Strategie!) sowie die Bereitschaft, sich für das Erreichen wichtiger Ziele auch Situationen auszusetzen, die mit schwierigen Emotionen verbunden sind. Eine offene Aufmerksamkeit nach innen bewirkt meist auch ein frühes Wahrnehmen und Annehmen von affektiven Veränderungen, da es dazu befähigt, frühzeitig passende, notwendige Bewältigungsstrategien zu aktivieren, um z.B. negativen Konsequenzen eines impulsiven Emotionsausbruchs vorzubeugen. Auch eröffnet die Fähigkeit zum Lenken der individuellen Aufmerksamkeit z.B. auf den Atem, die gerade in kritischen Situationen wertvolle Fähigkeit, sich selbst zu beruhigen. Zudem wird durch die Haltung des Nichtwertens und der Akzeptanz das Bewältigen einer Herausforderung oder Krise verbessert bzw. gegebenfalls erst ermöglicht, indem die damit aufkommenden Gedanken, Gefühle und Emotionen wahrgenommen und zugelassen werden.

Damit eröffnet sich die Chance, die Herausforderung, die Krise oder den Konflikt ohne inneres Erleben von Aversions- oder Bedrohungsemotionen (Auslöser von Vermeidungs- und Abwehrstrategien) genauer und

differenzierter zu betrachten. So lassen sich meist Zusammenhänge und Wechselwirkungen erkennen, die für ein konstruktives, nachhaltiges Problembewältigen erforderlich sind (nach Sauer).
Zugegeben, ein Einüben von Achtsamkeit erfordert möglichst tägliches Durchhalten (ca. 15 Min.). Jedoch ist der persönliche, echte Gewinn in Form größerer psychischer Kompetenz und Robustheit ungleich höher; denn das Einüben von intentionalem und nicht-reaktivem Innehalten kappt den automatischen Ablauf einer Reiz-Reaktions-Kette und das Zurückfallen in ungünstige Denk-, Erlebens- und Verhaltensmuster (siehe Sauer) und wirkt depressivem Grübeln entgegen. Derart mit sich selbst gemachte Erfahrungen bewirken eine Stärkung der Persönlichkeit durch erfahrene Selbstwirksamkeit (Förderung von Resilienz) und lassen echten Humor, Geduld und förderliche Gelassenheit wachsen.

Gewahrsein des Körperlichen
Das Einüben von Achtsamkeit bzw. einer achtsamen Haltung ist unabdingbar mit dem Körper zu verbinden. Das beginnt z.B. mit dem Achten auf Körperempfindungen wie Wärme, Druck oder Körperaktivitäten wie Atmung (Atemmeditation) und Muskelspannung und -entspannung (nach Jakobsen), Herzschlag. Es geht darum im Sinne eines Lenkens der Aufmerksamkeit, die körperlichen Empfindungen mit einer nicht-wertenden, offenen und neugierigen Haltung wahrzunehmen. Der Körper hat dabei die Funktion eines ′Ankers′, den jede(r) immer dabei hat und der es ermöglicht, die Aufmerksamkeit bei Ablenkungen immer wieder z.B. auf die Atmung zurückzuführen (fokussierte Aufmerksamkeit). Die Fähigkeit in seinen Körper hineinzufühlen bzw. dessen Signale frühzeitig wahrzunehmen kann sowohl einen Zugang, als auch Klarheit verschaffen über aufkommende Emotionen sowie daraus sich ergebendes Verhalten und begünstigt so eine situationsangemessenere Selbstregulation.

Geänderte Perspektive auf sich selbst
Menschen haben meist wenig Einsicht in ihre Persönlichkeitsstrukturen und die von ihnen situationsbezogen umgesetzen Verhaltensmuster.
Ein Einüben in Achtsamkeit führt i.d.R. zu einer höheren Selbsterkenntnis durch das bewertungsfreie, akzeptierende Wahrnehmen und Beobachten der inneren geistigen wie körperlichen Vorgänge und Signale.
„It is remarkable how liberating it feels to be able to see that your thoughts are just thoughts and that they are not you or reality [...]. The simple act of recognizing your thoughts as thoughts can free you from the distorted reality

they often create and allow for more clear-sightedness and a greater sense of manageability in your life." (Kabat-Zinn)
Dieses bewertungsfreie, akzeptierende Wahrnehmen und Beobachten ist deshalb so bedeutsam, weil so das menschliche Gehirn (frontaler Cortex, Amygdala und Hyppocampus) seine durch Erfahrungen gelernten Schutzmechanismen (Abwehr, Ausblenden von Aversivem) ruhen lassen kann. Dies ist entscheidend, damit auch bedrohlich-aversive Erfahrungen mit den damit verbundenen Emotionen zugelassen und betrachtet werden können, um danach die Chance zu einer eher veränderten Sicht auf sich selbst als Person zu gewinnen (nach Gimmel & Keiling). Vago und Silberzweig entwickelten bei selbstreferenziellen Prozessen ein neurobiologisches Modell, das drei Mechanismen von Achtsamkeit beschreibt: self-awareness, self-regulation und self-transcendence. Gemäß dieses Modells könnten verzerrte Selbstbilder durch ein erhöhtes Gewahrsein seines Selbst und eine verbesserte Selbstregulation erkannt und (selbst) korrigiert werden (Hanley et al.). Des weiteren impliziert self-transcendence, dass sich z.B. durch Achtsamkeitsmeditationen neuronale Netzwerke aktivieren, welche der Fähigkeit zu Achtsamkeit bzw. einer achtsamen Haltung dazu verhelfen können, dass sich selbstbezogenes Verhalten mindert und mehr prosoziales Verhalten wächst und umgesetzt wird.

Regulation des „Selbst" (Selbstregulation)
Selbstregulation bedarf einerseits exekutiver Funktionen (z.B. der Fähigkeit zur Fokussierung und Aufrechterhaltung der Aufmerksamkeit, die kognitive Flexibilität bei sich verändernden Bedingungen, die Hemmung von unangemessenem Verhalten, die Informationsverarbeitung im Arbeitsgedächtnis). Andererseits umfasst Selbstregulation auch die Fähigkeit zur Emotionsregulation (Lyons & DeLange). Achtsamkeitsübungen mildern auch im Körper oder Geist aufkommende Empfindungen ab, welche die Selbstregulation beeinträchtigen würden. Die zur passenden Selbstregulation führenden Bewusstwerdungs- und Reflexionsprozesse, gründend auf persönlichen Erfahrungen, führen über eine elaboriertere Betrachtungsweise einer Situation und deren Kontext zu einem emotionalen Neubewerten und der Fähigkeit zu einer psychischen Distanz, zu erhöhter kognitiver Flexibilität und verstärkter, individuell und situativ stimmiger sozial-emotionaler Verhaltenskontrolle.

3.3 Wirkungen von Achtsamkeit beim Umgang mit Anderen

Schon im vorausgehenden Kapitel wurde auf die Wirkungen eines Einübens von Achtsamkeit auf das soziale Verhalten bzw. das Miteinander hingewiesen. Auf das Konkretisieren / Umsetzen einer achtsamen Haltung weist auch die dritte Hilfsregel der Themenzentrierten Interaktion (TZI) hin:
„Sei authentisch und selektiv in deinen Kommunikationen. Mache dir bewusst, was du denkst und fühlst und wähle, was du sagst und tust.“ (Cohn)
Oder anders ausgedrückt: Sei Du selbst, handle situativ passend in Deiner Kommunikation gemäß Deinen aktuell aktivierbaren geistigen und körperlichen Fähigkeiten. Schaue nach innen, nehme Deine Gedanken, Gefühle und Emotionen wahr, schaue nach außen und entscheide dann verantwortlich wie Du handelst.
Durch vielfach geübtes und persönlich ritualisiertes „reperceiving“ (siehe oben ´vier Mechanismen der Achtsamkeit´), sowie die Fähigkeit zur Regulation von Aufmerksamkeit, Emotionen, des ´Selbst´ unter Achten körperlicher Signale, wird eine der Situation angemessene Selbstregulation möglich. Daraus ergibt sich sowohl eine andere Perspektive auf das ´Selbst´ als auch auf insbesondere zwischenmenschliche Gegebenheiten. Insbesondere die Fähigkeit zum in den Übungen oft praktizierten Perspektivenwechsel, der jetzt quasi automatisiert vorgenommenen wird, eröffnet eine breitere Palette des Verhaltens und damit reflektierte Handlungsfähigkeit aufgrund von begründeter Selbstsicherheit.
Ein Mensch, der gelernt hat achtsam mit sich selbst zu sein, ´strahlt´ dies nach außen durch seine Art des Auftretens, seiner Stimme und Sprache, des Handelns, sowie des Zugehens auf Mitmenschen aus: Er wirkt freudlich zugewandt, in Haltung und Tun bedacht, einfühlsam und klar. Er ist in Handeln und Kommunikation einerseits respektvoll und tolerant, andererseits fordert er konsequent und klar bei seinem jeweiligen Gegenüber ebenfalls Respekt und Toleranz ein. Transaktionsanalytisch gesagt: Dieser Mensch handelt aus seinem ´Erwachsenen-Ich´ heraus.

4 Grundlagen zum Umgang mit belastenden Situationen in sozialen bzw. pädagogischen Berufsfeldern

Verschiedene Untersuchungen in den letzten Jahren weisen eindeutig auf gewachsene, spezifische Belastungen hin, mit denen sich Personen konfrontiert sehen, die vor allem in sozialen und/oder pädagogischen Berufsfeldern tätig sind. Einer der am häufigsten genannten Problembereiche umfasst alle Belastungen und Schwierigkeiten, die im täglichen Umgang mit Kindern, Jugendlichen aber auch Erwachsenen vorkommen. Es gibt offensichtlich immer mehr Personen, die ein problematisches bis zu die Beschäftigten bedrohendes Verhalten zeigen. In den sozialen Arbeitsfeldern zeigt sich dies z.B. oft in überfrachteten bzw. zeitlich eng getakteten Arbeitsabläufen, administrativen Aufgaben, außerplanmäßigen Tätigkeiten, hohen Leistungserwartungen, Klientenzahl, fehlender Anerkennung beim Träger oder bei Vorgesetzten, überhöhten, situativ unrealistischen Erwartungen bei Klienten, die oft sehr ichbezogen sind, die in Beschimpfungen bis hin zu Drohen und Tätlichkeit reichen. In pädagogischen Arbeitsfeldern nennen die Untersuchungen Faktoren wie z.B. fehlende Motivation, Verhaltensauffälligkeiten, Desinteresse, fehlende Leistungsbereitschaft bei Kindern / Jugendlichen, Heterogenität und Größe der Gruppen, administrative und bürokratische Aufgaben, Mängel in der Organisation (u.a. Arbeitsplan) sowie fehlende bzw. mangelhafte Kommunikation, fehlende Unterstützung, Leistungsdruck (Vorbereitungs- und Korrekturarbeiten), Lärmbelastung, Erwartungen, Ansprüche und Bedrohungen von Erziehungsberechtigten, unpassende Führungsweisen von Vorgesetzten, Unverständnis und Schuldzuweisungen von Vertretern von Organisationsträgern.

Diese Liste ließe sich von Betroffenen wahrscheinlich noch ergänzen, wobei individuelle stärkere Unterschiede zutage treten dürften, je nach eigener Wahrnehmung, Einstellung und der inneren Verarbeitungsweise. Fragen der Wissenschaft (Psychologie und Pädagogik) stellen u.a. die Thematik Belastungsreaktionen von Betroffenen in den Fokus. Die umfangreichste Untersuchung führte 2001 das Psychologische Institut Potsdam (Arnold/Schaarschmidt und Kieschke 2007) durch. Diese Studie zeigte vier Muster bzw. Trends eines Bewältigungsverhaltens auf:

„**Muster G:** Dieses Muster ist Ausdruck von Gesundheit und Hinweis auf ein gesundheitsförderliches Verhältnis gegenüber der Arbeit. Wir finden deutliche, doch nicht exzessive Ausprägungen in den Dimensionen, die das berufliche Engagement anzeigen (Bedeutsamkeit der Arbeit, beruflicher Ehrgeiz, Verausgabungsbereitschaft, Perfektionsstreben). Hervorzuheben sind im Weiteren die trotz stärkeren Engagements erhaltene Distanzierungsfähigkeit und die günstigen Ausprägungen in all den Dimensionen, die die Widerstandsfähigkeit gegenüber Belastungen beschreiben (geringe Werte in der Resignationstendenz gegenüber Misserfolgen, hohe in der offensiven Problembewältigung und der inneren Ruhe und Ausgeglichenheit). Das Bild vervollständigt sich schließlich durch die ausnahmslos höchsten Werte in den Dimensionen, die positive Emotionen zum Ausdruck bringen (berufliches Erfolgserleben, Lebenszufriedenheit, Erleben sozialer Unterstützung).
Muster S: Bei diesem Muster charakterisiert die Schonung das Verhältnis gegenüber der Arbeit. Es finden sich die geringsten Ausprägungen in den Engagementsdimensionen und die höchste in der Distanzierungsfähigkeit. Die niedrige Resignationstendenz weist darauf hin, dass das verringerte Engagement nicht als Ausdruck einer resignativen Einstellung gewertet werden darf. Die weiteren Werte, insbesondere die relativ hohen Ausprägungen in der inneren Ruhe und Ausgeglichenheit, der Lebenszufriedenheit und dem Erleben sozialer Unterstützung, zeigen ein insgesamt positives Lebensgefühl an. Zur Schonung kommt somit noch (relative) Zufriedenheit als ein Kennzeichen dieses Musters. ...
Risikomuster A: Dieses Muster ist durch überhöhtes Engagement gekennzeichnet. Bemerkenswert ist vor allem der eindeutig niedrigste Wert in der Distanzierungsfähigkeit. Hervorzuheben ist weiterhin, dass das außerordentlich starke Engagement mit verminderter Widerstandsfähigkeit gegenüber Belastungen einhergeht (geringe Ausprägung in der inneren Ruhe und Ausgeglichenheit, relativ hohe in der Resignationstendenz). Darüber hinaus ist es von eher negativen Emotionen begleitet. Insgesamt ist das Bild also dadurch charakterisiert, dass hohe Anstrengung keine positive emotionale Entsprechung findet. Aus dieser problematischen Kombination von großem Arbeitseinsatz und ausbleibendem Erleben von Anerkennung dürften stärkere pathogene Wirkungen, u. a. ein Herz-Kreislauf-Risiko, resultieren.
Risikomuster B: Zum Bild des Risikomusters B gehören zunächst geringe Ausprägungen in den Dimensionen des Arbeitsengagements, insbesondere in der subjektiven Bedeutsamkeit der Arbeit und im beruflichen Ehrgeiz. In dieser Hinsicht bestehen Gemeinsamkeiten mit dem Muster S. Im

Unterschied zu S geht das verminderte Engagement jedoch nicht mit erhöhter, sondern mit eingeschränkter Distanzierungsfähigkeit einher. Auch alle weiteren Merkmale zeigen im Vergleich mit dem Muster S überwiegend gegensätzliche Ausprägungen. In den Dimensionen, die die Widerstandsfähigkeit gegenüber belastenden Situationen anzeigen, finden wir ausnahmslos kritische Werte vor. Als ebenso problematisch sind die durchweg niedrigsten Ausprägungen in all den Dimensionen zu sehen, die das Ausmaß von Zufriedenheit und Wohlbefinden wiedergeben. Generell ist dieses Bild durch vorherrschende Resignation, Motivationseinschränkung, herabgesetzte Widerstandsfähigkeit gegenüber Belastungen und negative Emotionen gekennzeichnet. Solche Erscheinungen sind i. S. des Burnout-Syndroms zu verstehen." (Arold/Schaarschmidt)

Damit bestärkt sich die Erkenntnis, dass es einen Zusammnhang zwischen dem individuellen, weil persönlichkeitsspezifischen Verarbeiten belastender Anforderungen, das ja auf Wahrnehmungen und der inneren Haltung beruht, und dem Erschöpfungszustand gibt.
Will sich eine Person, die vor allem im sozialen bzw. pädagogischen Berufsfeld tätig ist, weiterentwickeln hin zu mehr gesundheitsförderlicher Selbstre-gulierung und damit auch Verhalten, so ist das Gewinnen von Klarheit über die zugrundeliegenden Faktoren, die eigene Haltung (u.a. eigene Glaubens-sätze und Einstellungen) erforderlich, um darauf aufbauend diese durch individuell passende erfahrungsbezogene Übungen und Trainings zu verändern. In der Literatur finden sich dazu, so auch bei Arnold/Schaarschmidt, grundsätzliche Ansatzpunkt für solche Veränderungsprozesse: Sie bezweifeln Ansätze eines symptomatischen Erfassens sowie der individuell wirkenden Belastungsfaktoren. Stattdessen raten sie zum Ansetzen bei den Prozessen der individuellen Wahrnehmung, den darauf folgenden Bewertungen und der Verarbeitungsweise, um dann passende Präventionsmaßnahmen zu finden und einzuleiten, wobei auch das Selbstkonzept (z.B. Erwartungen, Anspruchsniveau, Ziele) mit in den Blick rückt.

4.1 Wahrnehmungsprozesse

Unter Wahrnehmung wird die Fähigkeit verstanden, seine Umwelt über die Sinnesorgane zu erkennen. Sie sind um so stärker, je mehr Sinneskanäle einbezogen sind. Im Gehirn werden die Einzelinformationen analysiert und zu einem Gesamteindruck, einer Wahrnehmung, zusammengesetzt. Wahrnehmung ist ein psychophysischer Prozess, der aus „Aufnahme, Selektion, Verarbeitung, Gliederung und Strukturierung sensorischer Informationen besteht." (Hajos in Thienel) Die wichtigste Maßnahme zur Reduktion der Situationskomplexität wird durch die selektive Funktion der Wahrnehmung ermöglicht: Sie besteht in der „aktiven und subjektiven Auswahl einiger Merkmale aus einer Vielzahl gleichzeitig auftretender Situationsmerkmale."

(Thienel) „Auswirkungen auf die Selektion haben neben der Art und Intensität der Umweltreize vor allem die Erwartungen des Wahrnehmenden, sein Bedürfniszustand, sein Aktivierungsniveau und seine vorherigen Erfahrungen, aber auch seine hirnorganische Funktionstüchtigkeit." (nach Leyendecker in Fiedler)

Jeder Mensch setzt das, was er gerade wahrnimmt mit dem in Beziehung, was seine bisherige konzeptionelle Erfahrung ausmacht. Dadurch entsteht ein je eigenes, subjektives ′Bild′ von Wirklichkeit. Jeder Mensch kontrolliert dabei seine Beobachtungen selbst im Sinne von individuellen Wirklichkeitsentwürfen. Er hat nur den Kontakt zur Umwelt, den er selbst zulässt. Prozesse der Informationsaufnahme und Informationsverarbeitung werden in hohem Maße von den Faktoren persönlicher Betroffenheit, Aufmerksamkeit, intrinsischer Motivation und Vorlieben gesteuert. Persönliche Erfahrungen und Kenntnisse beeinflussen ebenso wie die individuelle Kapazität und Aufmerksamkeit, was aufgenommen und verarbeitet werden kann (nach Behrens). In menschlichen Interaktionen kann eine andere Person daher nur über vermittelnde Ausdrucksaktionen wahrgenommen werden. „Der Informationsaustausch ist nur dann erfolgreich, wenn gleichzeitig beim Anderen die Fähigkeit vorhanden ist, das ausgesendete Informationsmaterial zu verstehen, wenn Informationsgeber und Rezipient über einen gemeinsamen Code verfügen." (Behrens)

Auch lernt ein Mensch für reale Objekte, Situationen, Erfahrungen, eigene geistige und körperliche Empfindungen geistige ′Objekte′ zu konstruieren, d.h. Begriffe zu bilden (Abstrahieren) und diese zu speichern (begriffliche Urbilder). Begriffe sind nach Damasio/Damasio „quasi schlummernde Aufzeichnungen", die in jeweiligen aktuellen Situationen aktiviert werden und mit ihnen assoziierte Erinnerungen präsent machen.

„Der Mensch ist auch in der Lage, sein Bild von der Wirklichkeit zu ergänzen, obwohl ihm die hierfür erforderlichen Details gar nicht als Informationen übermittelt wurden. Die Ursache hierfür ist darin zu sehen, dass die im Gehirn gespeicherten Urbilder mit den in der Vergangenheit gewonnenen Erkenntnissen und Erfahrungen verknüpft werden. Nicht übermittelte Details können gedanklich eingefügt werden, weil der Mensch fähig ist, sich diese vorzustellen, was sich rückkoppelnd wieder auf die Verarbeitungsprozesse auswirkt. Diese Vorstellungs- und Ergänzungsfähigkeit gewährleistet, dass trotz unvollständiger Informationen die Entscheidungsfähigkeit erhalten bleibt." (Behrens) Ein Beispiel dafür ist folgende Abbildung:

Kanizsa-Dreieck (Engel/König)

Solche Vorstellungsfähigkeiten haben jedoch auch Nachteile; denn sie können z.B. aufgrund eines eigentlich neutralen Reizes in der Wirklichkeit bei einem Menschen individuell innere ´Bilder´ entstehen lassen, die zur realen Wirklichkeit nicht passen, jedoch handlungssteuernd wirken.
Ein beträchtlicher Teil der Steuerungsimpulse auslösenden Aktivitäten des Gehirns finden im Unterbewusstsein statt und werden von zuvor gemachten und gespeicherten Erfahrungen und daraus gebildeten Schemata (Automatisierungen) gesteuert. So werden z.B. körperliche Empfindungen meist nur wahrgenommen, wenn etwas Normabweichendes oder Neues auftritt. Ähnlich verhält es sich auch bei den internen Erwartungshaltungen, die auf bisherigen individuell bedeutsamen Erfahrungen beruhen und jetzt als Filter für eingehende Informationen fungieren. Diese Filter lassen nur subjektiv als relevant eingestufte Informationen ins Bewusstsein gelangen. Was eigentlich als Schutzfunktion des Gehirns vor einer Informationsflut angelegt ist, kann fatale Folgen haben, z.B.: Auf Ihrem täglich gefahrenen Weg zur Arbeit, den Sie gut kennen, wird von einem Tag auf den anderen die Vorfahrt geändert. - Folgen Sie Ihrem Schemata, dann wird es ggf. gefährlich! - Interne Schemata können uns für Veränderungen ´blind´ machen. Das bedeutet, dass jeder Mensch ebenfalls ein internes Schemata entwickeln muss, wann Automatismen steuern dürfen und wann unbedingt erhöhte Aufmerksamkeit das Handeln steuern muss.
Wichtig zu wissen ist, dass jedes Gehirn stets aktiv ist, nach Informationen ´dürstet´ und damit ´seine Person´ anweist, alle Sinneskanäle permanent dazu einzusetzen. Neurobiologische Erkenntnisse über das menschliche Gehirn lassen den Schluss zu, dass Regionen des Gehirns aufgrund eingehender Reize und dazu gespeicherter Erfahrungen bereits über ausgeschüttete Botenstoffe Handlungsstrategien vorbereiten bevor eine Information überhaupt das Bewusstsein erreicht.

4.2 Wirkungen von Wahrnehmungsprozessen in sozialen bzw. pädagogischen Berufsfeldern

Eingedenk des beispielhaft oben zu Wahrnehmungsprozessen Genannten wird deutlich, dass insbesondere zwischenmenschliche Interaktionen zum einen recht fragil, weil sehr individuell geprägt und zum anderen sehr herausfordernd beim erforderlichen Vereinbaren eines gemeinsamen ′Codes′ sind; denn nur mit einem solchen gemeinsamen ′Code′ ist ein gegenseitiges Verstehen möglich. Thienel versteht in diesem Zusammenhang unter Interaktionen die „Gesamtheit der im Arbeitsfeld stattfindenden Prozesse des Wahrnehmens, Beurteilens, Kommunizierens und Beeinflussens intendierter und nicht-intendierter, verbaler und nicht-verbaler sowie symmetrischer und komplementärer Art." Solche Interaktionen unterliegen wechselseitigen Rückkopplungs- und Zirkulärprozessen. Grundsätzlich entscheidet das beiderseitige Verstehenwollen über den Erfolg oder Misserfolg des beiderseitigen Bemühens. Das Gelingen dieser Interaktionsprozesse bestimmt wesentlich, ob Fachkräfte in sozialen oder pädagogischen Berufsfeldern bei und mit ihrer Arbeit (Kerngeschäft) bzw. nach ihrem täglichen Arbeitseinsatz zufrieden oder erschöpft sind. Gemäß Rosemann hat eine Fachkraft „normative Erwartungen bezüglich des Verhaltens und der Persönlichkeitsmerkmale" der von ihr betreuten Kinder bzw. Jugendlichen. Weiterhin geht sie von einer „selektiven Informationsaufnahme, -verarbeitung und -interpretation hinsichtlich des jeweiligen Verhaltens aus. Diese drei Prozesse werden durch implizite Persönlichkeitstheorien, Einstellungen, temporäre Befindlichkeiten, Alters- und Geschlechtsunterschiede beeinflusst. Schließlich gewinnt die Fachkraft ein Bild der Person, das zu Antizipationen des zukünftigen Verhaltens führt." (Rosemann in Thienel) Eine wesentliche Rolle bei der Informationsaufnahme und -selektion spielen Erfahrungen: Menschen neigen dazu, Wahrnehmungen, die einer stereotypen Erwartung widersprechen, entweder zu ignorieren (Assimilation) oder zu übertreiben (Kontrastierung) (siehe Fiedler). Dies hat zur Folge, dass z.B. erwünschtes Verhalten eines Kindes bzw. Jugendlichen eher übersehen (Assimilation) und unpassendes, problematisches Verhalten eher stärker wahrgenommen wird, was Wahrnehmungsverzerrungen und Etikettierungen nach sich ziehen kann mit allen, das zukünftige Verhalten eines Kindes bzw. Jugendlichen verschärfenden Folgen durch einen eskalierenden Konflikt, z.B. bei notorisch Störenden.

„Die kognitiv-emotionale Verarbeitung wirkt sich auf das Verhalten des Wahrnehmenden und darüber vermittelt auch auf den Wahrgenommenen aus. Diese transaktionale Sichtweise verweist auf die Verschränkung von Wahrnehmungs- und Handlungsprozessen. Der Wahrnehmungsgegenstand ist nicht invariant sondern wird modifiziert." (siehe Thienel) Bei allen Interaktionen findet dauernd ein sich wechselseitig beeinflussendes Verhalten statt, was auch auf das strukturelle Entwickeln (Wahrnehmungen sind

individuelle Konstruktionen) des gesamten Prozesses wirkt. Ein bewusstes Steuern oder Reflektieren des Prozesses ist den Beteiligten meist unmöglich, da die zahlreichen situativen Signale vom Gehirn u.a. wegen der begrenzten Kapazität des Arbeitsgedächtnisses unbewusst aufgenommen und verarbeitet werden: Unpassendes Verhalten von allen Beteiligten ist oft die Folge.
Oft wird bei Interaktionen das nonverbale Verhalten als ′echte Kommunikationsebene′ gesehen, die einem Beobachter wichtige Informationen liefert (Meinung: Der Körper kann nicht täuschen.). Richtig ist, dass die nonverbale Körpersprache in einem Kommunikationsprozess große Bedeutung hat, richtig ist jedoch auch, dass nonverbale Verhaltensweisen meist mehrdeutig und daher unter dem Aspekt der Informationsgewinnung problematisch sind: Die Wahrnehmungen der beobachtenden Person werden z.B. durch deren Gefühle, Absichten, Vorinformationen modifiziert.
Ein besonderes Problem stellen Projektionen dar, bei denen ein Mensch innerpsychische Vorgänge in seine Außenwelt überträgt und eine Situation dann verzerrt wahrnimmt. Dies sind meist unbewusste Prozesse, die oft auf früher als traumatisch Erlebtes zurückgehen und die damals entwickelten abwehrenden Mechanismen (Schutzfunktion des Selbst) zu der jetzigen Situation unpassend wieder aktivieren.

4.2.1 Erste allgemeine Ansätze der Prävention

In diesem Teilkapitel werden in den jeweiligen Abschnitten exemplarisch zentrale Ansätze für ein verändertes Verhalten, das in kritischen Situationen sowohl nach innen wie nach außen konfliktentspannend wirken kann, in kurzer kontextueller Einbettung aufgezeigt. Zum Erleichtern einer jeweiligen Einordnung sind die den Abschnittsinhalt leitenden Begriffe kursiv vermerkt. Fehlen diese in einem Abschnitt, so gilt: Alle genannten Anregungen sind erlernbar; entscheidend ist der Wille dazu sowie das konsequente Dranbleiben. Ein solches selbstbestimmtes Weiterentwickeln der eigenen Person kann nach vielfältigen Erfahrungen des Autors auch sehr viel Freude bereiten.

Ausgehend davon, dass alle *Wahrnehmungen* immer auch eine *individuelle Konstruktion,* d.h. subjektiv aufgrund gemachter, persönlicher Erfahrungen geprägt sind, gilt es die je individuellen Wahrnehmungsprozesse und die situativ wirkenden personalen Faktoren einer individuellen, reflexiven Betrachtung zuzuführen, um so wahrnehmungsleitende Muster erkennbar und damit veränderbar zu machen. Da solche Muster erfahrungsbezogen verankert und gewachsen sind, können sie auch nur durch sie überformende bzw. verändernde neue, passende Erfahrungen ′bearbeitet′ werden (Lernen durch Erfahrung). Diese neuen Erfahrungen müssen die je individuellen Bedürfnisse im Kern wiederspiegeln, aufgreifen und einem Verwirklichen näher bringen.

Wer sich selbst in allen seinen positiven und fraglichen Facetten (*Inneres*

Team) besser erkennen und während dieses Prozesses all dies als zu sich gehörig wertfrei betrachten und akzeptieren kann, ist zunehmend psychisch stabiler, handelt für sich stimmiger und nach außen souveräner, respektvoller und toleranter. Ein solcher Mensch ′spricht mit seinen inneren Mitgliedern′ (innere Konferenz) und sein Ich (geistiges Oberhaupt) entscheidet dann bewusst und klar; sodass unpassendes Verhalten Anderer zwar gesehen, ′behandelt′ oder gar geahndet wird, jedoch keine inneren emotionalen Stürme mehr auslöst (Ich-starke Selbstregulation).

Förderliche *Interaktionen* bedingen eine gelingende Kommunikation, die sowohl die verbalen als auch die nonverbalen Elemente einschließt. Beide Elemente der Kommunikation müssen synchron, d.h. zueinander eindeutig sein, um stimmige, echte Kommunikation zu ermöglichen. Gerade in Interaktionen in sozialen bzw. pädagogischen Berufsfeldern ist von Seiten jeder Fachkraft auf eine zur *verbalen Kommunikation* stimmig passende *nonverbale Verhaltensweise* zu achten. Dies setzt die Kenntnis der je eigenen Körpersprache in verschiedenen Lebenssituationen voraus, was z.B. in Seminaren mit entsprechenden Lernprozessen und Übungen gelingt. Dies ist deshalb so wichtig, weil schon Kleinkinder aber auch Jugendliche „sehr sensibel auf nonverbale Verhaltensweisen einer Fachkraft reagieren, und ihre subjektive Wahrnehmung beeinflusst den Erfolg oder Misserfolg des Verhaltens der Fachkraft. Nonverbale Verhaltensweisen scheinen somit auf Fachkraft- und Heranwachsenden- bzw. Lernendenseite erheblich zur Verhaltensauswahl und Urteilsfindung beizutragen. Sie erfolgen auf der Basis von mehr oder minder bewussten und oberflächlichen Eindrücken, deren Angemessenheit zweifelhaft bleibt.“ (siehe Thienel)

Im Alltag beim Treffen oder Umgang mit Menschen, insbesondere jedoch im täglichen Miteinander von Kindern oder Jugendlichen mit Fachkräften, wirken „Laientheorien über die Verknüpfung von Persönlichkeitseigenschaften.“ (Rosemann/Kerres) Diese als *implizite Persönlichkeitstheorien* bezeichneten geistigen Phänomene bewirken im Alltag oder im Berufsfeld, dass bei einer Person von einer beobachteten Eigenschaft auf andere nicht beobachtete, jedoch als wahrscheinlich gehaltene Eigenschaften derselben Person geschlossen wird. Solche ′Beobachtungen′ werden dann zu impliziten Theorien über die Persönlichkeit z.B. eines Kindes bzw. Jugendlichen zusammengefasst. Diese Theorien bewirken eine Zuordnung einer Person zu einer bestimmten Kategorie von Mensch und erzeugen damit eine Kategorisierung: Die Merkmale der ursprünglichen Wahrnehmung führen so zu einer Beurteilung z.B. von Kindern und Jugendlichen. Diese Beurteilung bestimmt nicht nur nachfolgende Wahrnehmungen, sondern vor allem auch das gegenüber dieser Person gezeigte Verhalten bzw. Handeln (nach Thienel). Wirken kann hier das Phänomen des „fundamentalen Attributionsfehlers“: „Beobachtende neigen dazu, den Handelnden für sein Verhalten

verantwortlich zu machen, während man als Handelnder dazu tendiert, hierfür externale Faktoren heranzuziehen." (Rosemann/Kerres) Mögliche Gedanken, dass ein z.B. aggressives Verhalten eine hilflose Reaktion auf eine subjektiv nicht anders zu bewältigende Anforderung sein könnte (Fiedler), kommen so erst gar nicht auf. Zusammen mit den oben beschriebenen Assimilations- und Kontrastierungstendenzen erhöht sich damit die Wahrscheinlichkeit unangemessener Wahrnehmungen und daraus resultierendes unangemessenes bzw. kontraproduktives oder falsches Verhalten (z.B. Machtkämpfe) beim Umgang mit als ´schwierig´ eingestuften Kindern / Jugendlichen.
Um einen solchen negativ sich selbst verstärkenden zirkulären Prozess erst gar nicht aufkommen zu lassen, bzw. ihn rechtzeitig zu erkennen und das eigene Verhalten darauf einstellend zu verändern, ist eine hohe Selbstreflexion erforderlich. Eine solche lässt sich im Laufe des Aufbauens von Prozessen der Achtsamkeit (u.a. Beobachten von inneren geistigen Vorgänge) erlernen und erfahren.

Gerade in sozialen bzw. pädagogischen Berufsfeldern muss bei den Interaktionen mit z.B. den Kindern oder Jugendlichen aufgrund von impulsivem, nicht vorhersehbarem Verhalten häufig rasch agiert bzw. reagiert werden, wobei meist ein hoher Entscheidungsdruck besteht. Analysieren und Nachdenken ist in solchen Situationen nicht möglich: Eine die jeweilige Situation ´bereinigende´ Aktion muss sofort eingeleitet werden. Hier greifen aus früheren Erfahrungen meist unbewusst abgeleitete *Routinen.* Diese gründen auf einem Verdichten aufgabenrelevanten Wissens zu entsprechenden Situationen: Beginnend mit der Wahrnehmung einer Situation wird diese schon mit Ansätzen der Bewältigung und dazu erforderlichen Aktivitätsschritten gekoppelt (nach Thienel). Hofer bezeichnet solches Verdichten als generieren eines ´Skripts´, letztlich *kognitive Schematas*, die bereits durch kleinste Wahrnehmungsreize in einer Situation aufgrund damit verbundener Erfahrungen aktiviert werden und wie ein Muster ablaufen. Jede in einem sozialen / pädagogischen Berufsfeld tätige Fachkraft entwickelt im Laufe der Berufsjahre für (oft) wiederkehrende Anforderungen (entlastende) Routinen. Um im Berufsfeld bei sich ständig verändernden Bedingungen und Vorgaben flexibel, einer Situation und oder einer Person angemessen und zugleich sach- und fachlich fundiert Handeln zu können, ist ein ständiges, persönliches und berufsfeldbezogenes Weiterentwickeln der eigenen Person wichtig. Hier ist Eigeninitiative entscheidend. Anregungen und Informationen für ein solches Weiterentwickeln finden sich heutzutage bei unzähligen Anbietern, sodass die Informationsflut oft eher verwirrend wirkt.

Wahrnehmungen und ihre Verarbeitung im Gehirn sind immer mit konkreten Situationen, Bedingungen und Empfindungen verbunden. Aktuelles und zukünftiges Verhalten wird ebenso wie kognitive Funktionen von Emotionen beeinflusst (Wechselwirkung) (siehe Rosemann/Kerres; Thienel, u.A.): Verhalten wird von einem kognitiven und einem emotionalen ´Kontrollsystem´ gesteuert, wobei je nach emotionalem Erregtsein das Emotionale das Kognitive dominieren kann (Thienel). Lautermann stellt beim Eintreten eines „zielblockierenden Ereignisses“ und Auftreten „einer mittelhohen Emotion“ das *„Phänomen der Zirkularität“* fest, was bedeutet, dass „der Wahrnehmende versucht, eine problematische Situation zu bewältigen, indem er sie immer wieder auf die gleiche Art und Weise angeht, ohne sein Ziel auf der Grundlage einer veränderten Situationsanalyse auf einem anderen Weg anzustreben.“ Beispielhaft zeigt sich dieses Phänomen u.a. beim Aussenden immer gleichlautender Appelle oder dem Aktivieren immer gleicher Handlungsstrategien. Aufgrund deren Unwirksamkeit erleben Personen einen situativen Kontrollverlust verbunden mit Hilflosigkeits- und Ohnmachtsgefühlen sowie mit Versagens- und Konfliktängsten, die bei häufigem oder verstärktem Auftreten zu Resignation und sogar Apathie führen können. Kinder und Jugendliche, die ein problematisches oder distanzloses Verhalten zeigen und bei einer Fachkraft dann die oben geschilderte Aktionsweisen erleben, fühlen sich mächtig (obwohl meist innerlich schwach) und werden bei passenden Situationen immer wieder mit Machtspielen beginnen. In sozialen bzw. pädagogischen Berufsfelder tätige Fachkräfte sollten diese Prozesse erkennen (z.B. in Supervisionen) und über sich ändernde, auch ggf. die andere Person verblüffende Handlungsstrategien ein Unterbrechen der Zirkularität vornehmen. - Durch ein Aufbauen von Achtsamkeit und einem darin eingebetteten ruhigen, aufmerksamen, bewertungsfreien Beobachten der je eigenen Gedanken, Emotionen, Handlungssituationen usw. kommen auch die häufig praktizierten emotionalen und kognitiven Muster in den Blick und können so artikuliert, gewürdigt und bearbeitend verändert werden: Eine breitere Handlungspalette mit mehr Alternativen kann entstehen, was individuell eine erhöhte Handlungsfähigkeit sowie Selbstsicherheit und damit psychische Stabilität bewirkt.

5 Wege zu Achtsamkeit und Stressbewältigung

In den folgenden Teilkapiteln erhalten Sie grundlegende Einblicke und konkrete Anregungen sowie Hinweise zu verschiedenen seriösen und wissenschaftlich fundierten Ansätzen sowohl des Abbauens von Stress als auch des Aufbauens und Erwerbens einer achtsamen Haltung. So können Sie wählend entscheiden, was momentan für Sie passend und machbar ist.

5.1 Modelle des Erkennens von Stressrelevanz und Stressbewältigung

Ein von Ulrich/Mayering/Strehmel entwicketes ***Modell zur Stressverarbeitung und -bewältigung*** zeigt mögliche Prozesse auf, die eine Person nach einer Stresssituation einleiten sollte. Es berücksichtigt gemeinsame Aspekte eines Stressgeschehens wie situativ wirkendes Beziehungsgeflecht, Kognitionen, Emotionen und Handlungen. Lazarus stellt fest, „dass Individuen nicht nur Opfer von Stress sind, sondern auch mittels der von ihnen vorgenommenden Einschätzung der Bedrohlichkeit des Stressereignisses (primary appraisal) und des Erfolgs ihrer persönlichen Bewältigungsmöglichkeiten (secondary appraisal) selbst über die Qualität von Stress entscheiden.“ (Lazarus in Meichenbaum) Das auf der nachfolgenden Seite vorgestellte Prozessmodell mit seinen differenzierten Prozessschritten kann dabei helfen, die Struktur einer stressauslösenden Situation genauer zu erkennen und den je eigenen Beitrag dazu auch auf die Entwicklung eines Geschehens präziser zu analysieren, um daraus mögliche Handlungsschritte zu generieren. Ein Überblick über das jeweilige persönliche Vorgehen zeigt die folgende Grafik:

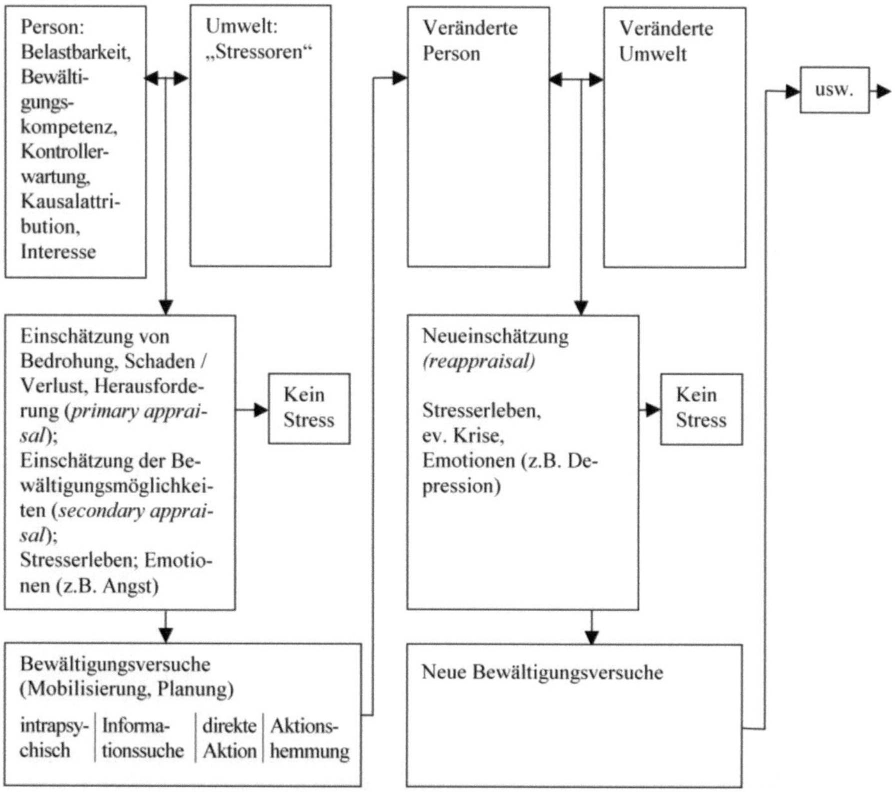

(Prozessmodell der Stressverarbeitung und -bewältigung nach Ulrich/Mayring/Strehmel, in: Holtz)

Im ersten Schritt wird die Situation bzw. werden die stressauslösenden Reize eingeschätzt nach ihrer Bedrohung hinsichtlich der eigenen Handlungsmöglichkeiten und dann in Kategorien klassifiziert:

- „Schädigung oder Verlust (die Ereignisse sind bereits abgeschlossen z.B. in Form körperlicher Beeinträchtigung oder des Verlustes der Selbstachtung),
- Bedrohung (die Ereignisse sind noch nicht abgeschlossen, ihr negativer Ausgang in Form von Schädigung oder Verlust wird aber gedanklich vorweggenommen) oder
- Herausforderung (die Ereignisse werden zwar als diskrepant zu den momentanen Handlungsmöglichkeiten eingeschätzt, wirken aber gleichzeitig als Anregung zur Auseinandersetzung mit der Situation mit dem Ziel, diese mittels verbesserter Bewältigungsstrategien zu überwinden und so Erfolg und Selbstbestätigung zu erfahren).“ (in Holtz)

Im zweiten Schritt werden eigene Bewältigungsmöglichkeiten und situative Anforderungen mit einander verglichen. Findet eine Person Möglichkeiten des Bewältigens, dann sinkt das emotionale Erregtsein und die Situation erfährt ein Umdeuten als irrelevant. Bleiben Bedrohungspotentiale bestehen und wirkt die Situation überfordernd, dann müssen Überlegungen greifen, wie diese Situation versuchsweise bearbeitet oder bereinigt werden könnte (coping). Solche Überlegungen müssen hinsichtlich der Emotionen auch deren Regulieren umfassen. Bei diesen Bewältigungsversuchen (coping) unterscheidet Lazarus folgende Modalitäten:

- „Informationssuche (z.B. Beschaffung von Informationen über die Persönlichkeit und den familiären Hintergrund einer problematischen Person, Suche nach erfolgversprechenderen Methoden oder Veranschaulichungsmitteln),
- direkte Handlungen (z.B. Durchführung von Disziplinierungsmaßnahmen, interessanteres Gestalten von Arbeitsphasen; die Person versucht, aktiv auf die Situation einzuwirken und sie zu verändern),
- Handlungsunterdrückung (z.B. Warten auf das Ende der Arbeitseinheit, Unterlassen von Verhaltensweisen oder Vorgeben, man hätte nichts gesehen),
- intrapsychisches Coping (z.B. Sich selbst beruhigen [„Reg dich bloß nicht auf!"], Entlastung mit selbstwertdienlichen Attributionen [„Ich bin eine gute Fachkraft, aber ich kann nicht immer erfolgreich sein."] oder resignieren)." (in Holtz)

Begriff Coping: *„Coping bezeichnet den Versuch (auf Handlungs- und Kognitionsebene), mit den Anforderungen der Umwelt und des Ichs und den daraus resultierenden Konflikten - die die Fähigkeiten des Individuums belasten oder überschreiten - fertig zu werden, sie zu meistern, zu ertragen, einzuschränken oder herabzusetzen."* (Lazarus)

Das Beenden des Modells nach dem ersten Schritt kann sinnvoll sein bei leichterem Stresserleben und ist immer verbunden mit dem Empfinden der eigenen Bewältigungskompetenzen. Bei deren geringerem bzw. stärker negativem Einschätzen müssen weitere Maßnahmen die Bewältigungskompetenzen unterstützen, z.B. der zweite Schritt des Modells. Sonst nehmen die Fähigkeiten zum Umsetzen bewusster, kognitiver Bewältigungsstrategien ab und resignative Tendenzen mit zirkulären Verhaltensweisen zu und dies in sich verstärkend belastender Weise.

Das Durchführen des zweiten Schrittes (secondary appraisal) bewirkt i.d.R. eine Neueinschätzung des situativen Beziehungsgefüges (Person-Umwelt-Beziehung). Es erfolgt ein erweiterter eigener Blick auf eine Situation und die in ihr wirkenden Faktoren, sowie die je eigenen Handlungsmöglichkeiten, was z.B. die Stressrelevanz, damit die eigenen Emotionen, vermindern und zugleich neue Bewältigungsansätze eröffnen kann. Beim vierten Teil, dem coping, wären zusätzlich das psychische Selbst, die Selbstwirksamkeit und Selbstregulation stärkende Ansätze erforderlich. Hierzu sind Übungen in Achtsamkeit sinnvoll und angebracht, um so die eigene Person emotional zu festigen bzw. zu stabilisieren. Empfindet eine Person resignative Tendenzen, so sollten rasch weitere unterstützende Maßnahmen wie z.B. persönliches Coaching oder Supervisionen eingeleitet werden.

Zur Selbstdiagnose für Personen mit Tätigkeiten in sozialen bzw. pädagogischen Berufsfeldern haben Becker/Gonschorek den ***„Heidelberger-Burnout-Test“*** (BOT) entwickelt. Statt „Lehrer“ ließen sich auch der Begriff ′Fachkraft′, statt „Schüler“ der Begriff ′Klient′ oder ′Kind′ bzw. ′Jugendliche′ einsetzen.
Der Heidelberger Burnout-Test (BOT) beginnt mit einer kurzen Erläuterung zu Zweck und Zielen und mit dem Erklären des Ausfüllens.

„Sehr geehrte Damen und Herren, liebe Kolleginnen und Kollegen, wenn im BOT von „Lehrern“ die Rede ist, dann geschieht dies aus Gründen der Lesbarkeit. Selbstverständlich sind alle Lehrerinnen in gleicher Weise angesprochen. Lesen Sie bitte statt Lehrer immer „ich“.
Die Bearbeitung des Tests sollte Ihnen Spass machen und Sie gleichzeitig nachdenklich stimmen. Mit seiner Hilfe können Sie sofort feststellen, ob Sie am Burnout-Syndrom erkrankt sind und in welchem Krankheitsstadium Sie sich befinden.
Der BOT dient der Selbstdiagnose. Die ehrliche Bearbeitung dieses Tests geschieht also in Ihrem eigenen Interesse. Die Bearbeitungszeit beträgt etwa 45 Minuten. Der BOT besteht aus 20 Teilen. Jeder Teil enthält 5 Beschreibungen, die verschiedene Zustände und/oder Einstellungen wiedergeben. Die Beschreibungen sind mit Symbolen versehen.
Lesen Sie sich bitte den ersten Teil in Ruhe durch und überlegen Sie sich, welche der Beschreibungen Ihren gegenwärtigen Zustand und/oder Ihre Einstellung am ehesten widerspiegelt. Entscheiden Sie sich bitte für eine Beschreibung und kreuzen Sie das entsprechende Symbol an. Wenden Sie sich sodann Teil 2 zu und verfahren Sie entsprechend. Wenn Sie den ganzen Test durchlaufen haben, können Sie Ihren Burnout-Quotienten (BOQ)

berechnen, indem Sie die Einzelergebnisse in den Auswertungsbogen übertragen (Siehe Anhang, Seite 140).

Teil 1 - Bildungs- und schulpolitisches Engagement

◊ Aus bildungs- und schulpolitischen Diskussionen hält sich der Lehrer zumeist heraus, da er das Schulsystem als kaum veränderbar betrachtet. Allenfalls ist er passives Mitglied in einem Verband oder in einer Partei.

■ Alle bildungs- und schulpolitischen Fragen interessieren den Lehrer nicht. Er hat sich mit den Verhältnissen abgefunden und möchte seine Ruhe haben. Von einer Mitgliedschaft und Mitarbeit in einer politischen Partei oder in einem Berufsverband hält er schon lange nichts mehr. Und über engagierte Kollegen macht er zynische Bemerkungen.

o Fast alle bildungs- und schulpolitischen Initiativen werden begeistert begrüßt, weitergetragen und diskutiert. Der Lehrer ist von einem Reformoptimismus beseelt. Im Falle seiner Mitgliedschaft in einer politischen Partei, einem Berufsverband oder in der Gewerkschaft arbeitet er auch engagiert mit.

● Der Lehrer ist bildungs- und schulpolitischen Fragen gegenüber offen und durchaus bereit, diese zu diskutieren, doch erkennt er auch die Grenzen möglicher Veränderungen innerhalb des Schulsystems. Seine aktive Mitarbeit konzentriert sich auf Fragen, die er für besonders wichtig hält.

□ Den bildungs- und schulpolitischen Problemen steht der Lehrer zurückhaltend gegenüber, da er den Rahmen für mögliche Veränderungen als sehr eng gezogen erlebt. Für die aktive Mitarbeit in einer Partei oder einem Berufsverband ist er kaum zu gewinnen.

Teil 2 - Pädagogische Vorstellungen

◊ Der Lehrer verzichtet weitgehend auf die Entwicklung eigener pädagogischer Vorstellungen und ist bemüht, sich in Anpassung zu üben. Themen, die kontrovers diskutiert werden könnten, geht er aus dem Weg.

● Der Lehrer merkt, dass sich nicht alle seine Vorstellungen verwirklichen lassen und er in bestimmten Fällen auf das Kollegium angewiesen ist. Den Ratschlägen erfahrener Kollegen steht er aufgeschlossen gegenüber, ohne diese jedoch stets zu berücksichtigen.

□ Der Lehrer gleicht seine pädagogischen Vorstellungen denen der Mehrheit des Kollegiums an. Eigene Vorstellungen und selbständige Entscheidungen treten zurück.

- ■ Der Lehrer ist entweder völlig angepasst und lässt jede Eigeninitiative vermissen. Oder er kümmert sich gar nicht um die Vorstellungen der Kollegen und wird so zum Außenseiter.
- o Der Lehrer ist von seinen eigenen pädagogischen Vorstellungen begeistert und überzeugt und der Meinung, weitgehend ohne Ratschläge der Kollegen auskommen zu können.

Teil 3 - Leistungsbereitschaft der Schüler

- o Alle Schüler sind leistungsbereit und -fähig. Jede Anstrengung erscheint gerechtfertigt, um ihnen den bestmöglichen Unterricht bieten zu können. Soziale Benachteiligungen sind durch einen guten Unterricht auszugleichen.
- □ Nur einige Schüler sind leistungsbereit und -fähig, viele sind es nicht. Und deshalb lohnt sich der Aufwand der Vorbereitung und Planung nicht immer. Soziale Benachteiligungen einzelner Schüler müssen zumeist akzeptiert werden.
- ■ Schüler sind dumm und faul. Deshalb ist es nur Zeit- und Kraftvergeudung, sich mit der Vorbereitung und Planung des Unterrichts zu befassen oder sich gar um einzelne Schüler zu bemühen.
- ◊ Nur wenige Schüler sind leistungsbereit und -fähig. Ein hoher Aufwand für den Unterricht lohnt sich nicht. Soziale Benachteiligungen einzelner Schüler gab es schon immer.
- ● Schüler sind in unterschiedlicher Weise leistungsbereit und -fähig. Auch die sorgfältigste Planung und Vorbereitung des Unterrichts kann vergebens sein, wenn Schüler nicht mitarbeiten wollen. Auch lassen sich bestimmte Benachteiligungen bei einzelnen Schülern nicht ausgleichen.

Teil 4 - Unterrichtsvorbereitung und -planung

- o Auch in der Freizeit betrachtet der Lehrer alle Dinge und Ereignisse hinsichtlich ihrer Verwertbarkeit im Unterricht. Fast alle Unterrichtsstunden werden sehr sorgfältig vorbereitet und geplant.
- ■ Der Unterricht wird weder vorbereitet noch geplant. Der Lehrer überlegt sich erst auf dem Weg ins Klassenzimmer, wie weitergearbeitet werden soll, oder er fragt zu Beginn des Unterrichts meist die Schüler - Was haben wir das letzte Mal gemacht? - um sich so selbst zu orientieren.
- □ Der Lehrer plant nur noch etwa einmal pro Woche ausführlicher. Unvorbereitete Stunden häufen sich. Gesichtspunkte der Planungsökonomie rücken in den Vordergrund. Er greift zunehmend auf alte Entwürfe und vertraute Schemata zurück, ohne diese zu hinterfragen.

◊ Die Unterrichtsplanung reduziert sich zumeist auf einige Überlegungen auf dem Weg zur Schule. Häusliche Vorbereitung und Planung sind die Ausnahme.
• Der Unterricht wird mehrmals wöchentlich vorbereitet und durchdacht. Gesichtspunkte der Planungsökonomie werden berücksichtigt. Unvorbereitete Stunden sind die Ausnahme.

Teil 5 - Nutzung der Unterrichtszeit

□ Der Unterricht beginnt nicht immer pünktlich. Manchmal werden die Pausen ausgedehnt. Mitunter wird die Unterrichtszeit auch mit Nebensächlichkeiten vertan.
• Der Unterricht beginnt pünktlich. Verspätungen sind die Ausnahme und dienstlich begründet. Die Unterrichtszeit wird in der Regel voll zum Lehren und Lernen genutzt.
◊ Der Unterricht beginnt häufig unpünktlich. Es finden sich viele Anlässe, um die Pausen zu verlängern. Routinehandlungen - z.B. übertriebene Hausaufgabenkontrolle oder zeitraubendes Abfragen - füllen einen großen Teil der Unterrichtszeit.
■ Der Unterricht beginnt fast immer unpünktlich. Die Schüler bleiben oft sich selbst überlassen. Sinnentleerte Aktivitäten bestimmen häufig den Unterrichtsablauf, der so zum Leerlauf wird. Jeder Anlass, Unterricht ausfallen zu lassen, ist willkommen.
o Der Lehrer kann es kaum erwarten, bis der Unterricht beginnt. Die Lehr- und Lernzeiten reichen meist nicht für das aus, was er sich vorgenommen hat.

Teil 6 - Unterrichtsplanung und Flexibilität

■ Der Unterricht ist nicht geplant. Der Lehrer folgt entweder plötzlichen Eingebungen oder er greift auf rigide Handlungsmuster zurück. In beiden Fällen kümmern ihn die Schüler nicht.
□ Der Lehrer unterrichtet gemäß seiner Verlaufsplanung und lässt dabei schon mal Belange der Schüler außer acht.
• Der Lehrer orientiert sich an seiner Verlaufsplanung und ändert sie in begründeten Fällen ab.
o Um den Interessen und Bedürfnissen der Schüler zu entsprechen, ist der Lehrer jederzeit bereit, von der Verlaufsplanung abzuweichen.
◊ Sofern der Unterricht geplant ist, zieht der Lehrer sein Konzept stur durch, ohne sich um die Interessen und Bedürfnisse der Schüler zu kümmern.

Teil 7 - Methodenwahl und Schülerbeteiligung

● Bei der Methodenwahl berücksichtigt der Lehrer Schülerbedürfnisse, greift Anregungen auf und bezieht die Schüler häufig in die Gestaltung des Unterrichts ein.

o Der Lehrer ist in besonderer Weise bemüht, bei der Wahl der Methoden die Bedürfnisse aller Schüler zu berücksichtigen und sie an der Unterrichtsgestaltung aktiv zu beteiligen.

◊ Die Wahl der Methoden nimmt der Lehrer fast immer selbst vor, und Schülerbedürfnisse spielen kaum noch eine Rolle. Von einer gemeinsamen Gestaltung des Unterrichts kann keine Rede sein.

■ Alles, was im Unterricht geschieht, wird vom Lehrer bestimmt und durchgesetzt. Die Bedürfnisse und Anregungen der Schüler werden ignoriert, die Schüler proben manchmal den Aufstand, aber im Übrigen herrscht Methodenmonotonie vor.

□ Bei der Wahl der Methoden greift der Lehrer meist auf Verfahrensweisen zurück, bei denen die Bedürfnisse der Schüler in den Hintergrund treten. Selten erhalten diese Schüler Gelegenheit, den Unterricht aktiv mitzugestalten.

Teil 8 - Medienwahl und -einsatz

□ Der Lehrer greift zumeist auf die ihm bekannten und leicht verfügbaren Medien zurück. Nur in seltenen Fällen stellt er Medien selbst her. Der Einsatz erfolgt auch mal unvorbereitet, und auftretende Pannen werden gelassen hingenommen.

● Der Lehrer ist über das Medienangebot weitgehend informiert. Auswahl, Beschaffung, Herstellung und Einsatz werden unter dem Gesichtspunkt der Medienökonomie vorgenommen, d.h. er überprüft, ob der Aufwand in einem vernünftigen Verhältnis zum vermuteten Lerngewinn steht. Der Medieneinsatz wird überlegt und vorbereitet.

■ Medien kommen kaum zum Einsatz. Es herrscht ein Wort- und Buchunterricht vor. - Oder der Lehrer praktiziert z.B. einen extensiven Filmeinsatz, um selbst nicht unterrichten zu müssen.

o Der Lehrer ist umfassend über das Medienangebot informiert und bemüht, eine optimale Auswahl zu treffen: Entsprechen die Medien nicht ganz seinen hohen Ansprüchen, stellt er sie selbst her. Jeder Einsatz wird sorgfältig geplant und vorbereitet.

◊ Ist zufällig ein Medium greifbar, wird es eingesetzt. Deshalb häufen sich die Pannen beim Medieneinsatz. Auf die Herstellung von Medien wird ganz verzichtet.

Teil 10 - Differenzierung und Individualisierung

- ■ Alle Schüler erhalten dieselben Arbeitsaufträge. Unterschiedliche Voraussetzungen werden ignoriert, und Differenzierungsmaßnahmen erscheinen überflüssig.
- ◊ Differenzierende Arbeitsaufträge bilden die absolute Ausnahme. Besondere Voraussetzungen einzelner Schüler werden gelegentlich gesehen, aber nicht mehr berücksichtigt.
- □ Es kommt selten vor, dass dem unterschiedlichen Lernvermögen durch differenzierende Arbeitsaufträge Rechnung getragen wird. Individuelle Voraussetzungen werden kaum noch berücksichtigt.
- ● Wo es sich anbietet, werden den leistungsschwachen bzw. leistungsstarken Schülern Aufgaben gestellt, die ihrem Lernvermögen entsprechen. Der Lehrer versucht, die individuellen Voraussetzungen zu berücksichtigen.
- o Um den besonderen Voraussetzungen eines jeden Schülers entsprechen zu können, bemüht sich der Lehrer um verschiedene Arbeitsaufträge oder eröffnet individuelle Möglichkeiten der Bearbeitung.

Teil 11 - Disziplinierungstechniken und -strafen

- ● Der Lehrer ist bemüht, ohne Disziplinierungstechniken und Strafen auszukommen, doch in Ausnahmefällen diszipliniert er einzelne Schüler, um das Recht der Mitschüler auf einen geregelten Unterricht zu wahren.
- o Der Lehrer glaubt, ohne Disziplinierungstechniken und Strafen auskommen zu können, und baut ganz auf die Einsicht der Schüler.
- □ Disziplinierungstechniken und Strafen werden häufig und unkritisch eingesetzt und dienen nicht nur der für das Lehren und Lernen erforderlichen sozialen Ordnung.
- ■ Mit unreflektiertem Einsatz von Disziplinierungstechniken und Strafen wird die Fassade eines geordneten Unterrichts aufrechterhalten. - Oder dem Lehrer fehlt die Kraft zum Einsatz der Disziplinierungstechniken, und deshalb geht es während des Unterrichts oft drunter und drüber.
- ◊ Der Lehrer bedient sich sehr häufig und unkritisch üblicher Disziplinierungstechniken und Strafen, wobei sich die Schüler entweder dem Zwang beugen oder gelegentlich protestieren.

Teil 12 - Klassenarbeiten und -korrekturen

- □ Selten werden mehr als die geforderten Arbeiten geschrieben, da der Korrekturaufwand gescheut wird. Die Schüler müssen häufig mehrere Tage auf die Rückgabe warten.
- ■ Selbst die geforderten Arbeiten werden nicht alle geschrieben. Unkorrigierte Arbeiten stapeln sich, und die Korrektur erfolgt

oberflächlich und fehlerhaft. Die Schüler müssen auf die Rückgabe der Arbeiten meist lange warten, erinnern sich kaum noch an die Aufgabenstellungen und sind deshalb auch kaum mehr an den Ergebnissen interessiert.

- ● Tests und Klassenarbeiten sind in einem bestimmten Rahmen notwendig, um die Lehr-Lern-Fortschritte zu überprüfen. Die Arbeiten werden möglichst bald korrigiert und zurückgegeben.
- ◊ Die geforderten Arbeiten werden noch geschrieben, doch bei der Korrektur schleichen sich viele routinebedingte Fehler ein. Die Schüler müssen oft mehrere Wochen auf die Rückgabe warten.
- o Tests und Klassenarbeiten sind weitgehend überflüssig, da die Schüler auch ohne sie gerne und freiwillig alles lernen, was im Unterricht besprochen wird. Alle Arbeiten werden sofort korrigiert und zurückgegeben, weil sich der Lehrer für alle Ergebnisse brennend interessiert.

Teil 13 - Außerunterrichtliche Aktivitäten

- ● Sofern es sich anbietet, trifft sich der Lehrer auch mal außerhalb der Schulzeit mit den Schülern, doch bleiben solche Aktivitäten auf besondere Ereignisse - z.B. Theater- oder Konzertbesuche - beschränkt.
- o Der Lehrer trifft sich mindestens einmal wöchentlich außerhalb der Schulzeit mit den Schülern seiner Klasse. Er unterbreitet und organisiert laufend Freizeitangebote.
- ◊ Alle Aktivitäten, die außerhalb des Unterrichts liegen, werden gemieden. Lässt sich eine Teilnahme an bestimmten Veranstaltungen nicht umgehen, merkt man dem Lehrer die Unlust an.
- □ An den üblichen schulischen Veranstaltungen nimmt der Lehrer ohne besonderes Engagement teil. Für außerunterrichtliche Aktivitäten gehen von ihm kaum noch Initiativen aus.
- ■ Alles, was über das Pflichtdeputat hinausgeht, wird als Zumutung empfunden und abgelehnt. Die Teilnahme an Pflichtveranstaltungen erfolgt widerwillig.

Teil 14 - Zusammenarbeit mit Eltern

- ● Auch außerhalb vorgeschriebener Sprechzeiten steht der Lehrer zur Verfügung. Sofern es ihm im Interesse der Schüler notwendig erscheint, bemüht er sich um eine Zusammenarbeit.
- ◊ Die Elternkontakte reduzieren sich auf ein Minimum. Anregungen der Eltern werden grundsätzlich als Einmischung erlebt und zurückgewiesen. Nur in begründeten Ausnahmefällen ist er zur Zusammenarbeit bereit.

- o Der Lehrer bemüht sich um eine intensive Zusammenarbeit mit den Eltern, besucht dieselben, lädt sie zu außerunterrichtlichen Veranstaltungen ein, bietet wöchentlich Sprechstunden an und ruft z.B. einen Elternstammtisch ins Leben.
- ■ Elternkontakte werden abgelehnt und Anregungen stets als Zumutung zurückgewiesen. Eine Zusammenarbeit findet nicht statt.
- □ Die Elternkontakte werden auf die dafür vorgesehenen Sprechzeiten beschränkt. Eine Zusammenarbeit wird nur in dringenden Fällen gesucht.

Teil 15 - Verhalten im Kollegium

- o Der Lehrer übernimmt gern besondere Aufgaben - wie z.B. Vertretungsstunden oder die Vorbereitung eines Schulfestes - und ist jederzeit bereit, gemeinsame Aktivitäten des Kollegiums - z.B. Kollegenausflug oder Grillabend zu planen, vorzubereiten und an ihnen teilzunehmen.
- ● Der Lehrer tritt für Kollegen ein und übernimmt besondere Aufgaben, sofern dies erforderlich wird. Er beteiligt sich an den üblichen gemeinsamen Aktivitäten.
- ◊ Der Übernahme besonderer Aufgaben versucht der Lehrer zu entgehen. Von Aktivitäten im Kollegenkreis hält er nicht viel und er nimmt selten an ihnen teil.
- ■ Meist gelingt es dem Lehrer, sich besonderen Aufgaben zu entziehen. An gemeinsamen Aktivitäten des Kollegiums nimmt er nicht teil.
- □ Fallen besondere Aufgaben an, denkt der Lehrer zuerst einmal über die Gleichverteilung der Lasten innerhalb des Kollegiums nach, bevor er eine Aufgabe übernimmt. Gemeinsame Veranstaltungen werden kritisch betrachtet.

Teil 16 - Interesse an Fachliteratur

- ● Ausgewählte Artikel und Bücher, die das eigene Arbeitsfeld betreffen, werden gelesen und dahingehend ausgewertet, ob sie für die Berufstätigkeit Anregungen bieten. Grundsatzartikel werden seltener gelesen.
- □ Das Interesse an Fachliteratur beschränkt sich auf einzelne Beiträge, die unmittelbar der Praxis dienen. Der Kauf eines Fachbuches kommt kaum in Frage.
- ◊ Falls überhaupt noch ein Artikel gelesen wird, befasst er sich z.B. mit Antipädagogik oder dem Burnout-Syndrom. Fachbücher werden weder erworben noch gelesen.

- ■ Die Fachliteratur wird schon seit Jahren nicht zur Kenntnis genommen und die abonnierte Fachzeitschrift ist längst abbestellt. Die Anschaffung eines Buches kommt schon lange nicht mehr in Betracht.
- o Aus Fachzeitschriften und den selbsterworbenen Fachbüchern entnimmt der Lehrer die neuesten Informationen, um auch theoretisch gerüstet zu sein und das gesamte Erziehungs- und Bildungssystem grundlegend zu reformieren.

Teil 17 - Besuch von Fortbildungsveranstaltungen

- ■ Die Teilnahme an Fortbildungsveranstaltungen wird als Zumutung empfunden, sie erfolgt nur widerwillig auf dienstliche Anordnung. Die Fortbildung erscheint generell als sinnlos, und der Lehrer versucht, den wenigen Pflichtveranstaltungen zu entrinnen.
- ◊ Der Lehrer nimmt nur dann an Fortbildungsveranstaltungen teil, wenn sie dienstlich verpflichtend sind und in die Dienstzeit fallen. Der Sinn der Fortbildung wird in Zweifel gezogen, oder die Teilnahme dient der Flucht aus dem grauen Berufsalltag.
- □ Der Lehrer nimmt Fortbildungsangebote wahr, sofern sie in die Dienstzeit fallen. Der Sinn der Fortbildung wird noch bejaht, als Abwechslung begrüßt und zum Erfahrungsaustausch genutzt.
- ● Der Lehrer wählt unter dem Fortbildungsangebot sorgfältig aus, macht sich Gedanken über eine etwaige Dienstbefreiung. An einem Ferienkurs nimmt er nur teil, wenn das Thema von besonderer Wichtigkeit ist.
- o Freiwillig besucht der Lehrer auch in den Ferien alle erdenklichen Fortbildungsveranstaltungen.

Teil 18 - Nebentätigkeiten / Häusliche Verpflichtungen

Anmerkung: *Der erste Teil jeder Zustandsbeschreibung bezieht sich auf Nebentätigkeiten, der zweite auf die Tätigkeiten von Hausfrauen und Hausmännern. Beziehen Sie sich bitte auf den für Sie zutreffenden Teil.*

- ◊ Arbeitszeit und Arbeitskraft verlagern sich schon deutlich in den Bereich möglichst gut dotierter Nebentätigkeiten, so dass die Schule und die Schüler häufig zurückstehen müssen. - Häusliche und private Verpflichtungen haben Vorrang gegenüber dienstlichen.
- ● Die Arbeitszeit und Kraft wird überwiegend der Schule und den Schülern gewidmet. Einzelne Nebentätigkeiten werden bei angemessener Bezahlung angenommen. - Häusliche und private Verpflichtungen stehen in einem ausgewogenen Verhältnis zu den dienstlichen.
- ■ Die Nebentätigkeiten dominieren eindeutig. Schule und Schüler werden als lästig empfunden. Der Lehrer benötigt seine ganze Kraft, um überhaupt

den Schulalltag zu überleben. - Oder der Lehrer zieht sich so weit wie möglich in den privaten Bereich zurück.

□ Arbeitszeit und Kraft verteilen sich auf den Hauptberuf und Nebentätigkeiten. Die Ausübung mehrerer Nebentätigkeiten richtet sich vor allem nach der Höhe der Bezahlung. - Häusliche und private Verpflichtungen werden häufig auf Kosten dienstlicher Verpflichtungen wahrgenommen.

o Fast die gesamte Arbeitszeit und Kraft wird der Schule und den Schülern gewidmet. Falls überhaupt eine Nebentätigkeit ausgeübt wird, spielt die Bezahlung keine Rolle - Schulische Aktivitäten haben gegenüber häuslichen und privaten Verpflichtungen eindeutig Vorrang.

Teil 19 - Berufs- und Privatleben

■ Berufs- und Privatleben stellen sich als Dauerkrise dar. Die Situation erscheint ausweglos.

□ Es wird versucht, Berufs- und Privatleben voneinander zu trennen. Mit dem Verlassen der Schule taucht der Lehrer in die Privatsphäre ein. - Oder die schulischen Probleme werden in den privaten Bereich hineingetragen und wirken dort belastend.

◊ Berufliche Schwierigkeiten häufen sich, lassen sich nicht mehr auffangen und belasten so das Privatleben. Oft sind ernste Krisen die Folge, oder Fluchttendenzen werden sichtbar.

● Berufs- und Privatleben stehen in einem ausgewogenen Verhältnis zueinander. Das Privatleben gibt so auch Kraft für den Berufsalltag. Bedeutsame berufliche Ereignisse werden mit dem Partner besprochen.

o Das Berufsleben dominiert eindeutig und wirkt sich mitunter negativ auf das Privatleben aus. Selbst der Partner wird laufend zu schulischen Aufgaben - z.B. Korrekturarbeiten oder als Begleitperson - herangezogen.

Teil 20 - Psychsomatische Beschwerden

□ Unpässlichkeiten kommen häufiger vor. Krankheitsbedingte Fehlzeiten nehmen zu.

● Der Lehrer fühlt sich im allgemeinen wohl und Fehlzeiten sind selten. Krankheiten werden nicht überspielt, sondern auskuriert.

◊ Da sich der Lehrer für unersetzlich hält, kommen Krankheiten gar nicht erst auf. Nur durch die Einweisung in ein Krankenhaus lässt er sich vom Unterrichten abhalten.

■ Der Lehrer befindet sich in einer Dauerkrise, die nur durch längere Kuraufenthalte aufgefangen werden kann. Er fühlt sich missverstanden

und sieht keine Möglichkeit, seinen beklagenswerten Zustand zu verändern.
- ◊ Es gibt kaum noch beschwerdefreie Zeiten. Der Lehrer klagt oft über seinen Gesundheitszustand. Wegen tatsächlicher oder eingebildeter Beschwerden fällt der Lehrer häufig aus.

(Becker/Gonschorek)

Interpretation der BOT-Werte
„Sie haben jetzt den BOT bearbeitet und sich dabei um Aufrichtigkeit bemüht, Ihren BOQ berechnet und möchten nun wissen, wie Sie das Ergebnis zu interpretieren haben.

		Stadien		
Idealismus	Realismus	Stagnation	Frustration	Apathie
bis 1,4	1,5 - 2,4	2,5 - 3,4	3,5 - 4,4	ab 4,5

Befinden Sie sich im idealistischen Stadium, so ist dies nicht weiter tragisch, denn man kann davon ausgehen, dass Sie früher oder später in das realistische Stadium eintreten werden. Sollten Sie allerdings schon viele Jahre im Dienst sein, besteht die Gefahr einer emotionalen Verausgabung. In diesem Fall wäre zu überlegen, wie sich Ihr gutgemeintes Engagement wirksamer umsetzen lässt.
Im realistischen Stadium sind Sie beruflich gesehen gesund. Um dieses wünschenswerte Stadium zu stabilisieren, sind jene wenigen Testteile wichtig, die von dem Quotient 2 abweichen. Hier geht es darum, diese Bereiche bewusst zu machen, um danach notwendige Veränderungen einzuleiten oder solche „Schwachstellen“ für sich selbst zu akzeptieren.
Im Stadium der Stagnation befinden Sie sich keineswegs allein. Vorläufigen Erkenntnissen zufolge bewegt sich die Mehrzahl der Lehrer nach mehreren Dienstjahren in diesem kritischen Stadium. Um ein weiteres Abgleiten in noch bedenklichere Stadien zu verhindern, bedarf es Ihrerseits großer Anstrengungen in jenen Bereichen, die Sie mit hohen Kennziffern belegt haben. Das realistische Stadium können Sie allerdings noch mit eigener Kraft wieder erreichen.
Im Stadium der Frustration bedarf es neben eigener Bemühungen der Unterstützung Dritter. Im Interesse der Schüler und in Ihrem eigenen Interesse sind Sie auf Rat und Hilfe von außen angewiesen, d.h. Sie sollten zur Burnout-Beratung gehen. Um über das Stadium der Stagnation ins realistische Stadium zurückzufinden, sind langfristige Bemühungen aller

Beteiligten unerlässlich. Dies sind die letzten Chancen für eine volle berufliche Rehabilitation.
Es ist zu hoffen und Ihnen zu wünschen, dass Sie sich nicht im Stadium der Apathie befinden, denn dann dürften Sie morgen früh eigentlich nicht mehr zur Schule gehen und dort unterrichten. ... Bei einem für Sie deprimierenden Ergebnis ehrt es Sie zwar, wenn Sie die Ursachen zunächst bei sich selbst suchen, so z.B. in mangelnder Fach-, Methoden- oder Sozialkompetenz. Doch da auch das Burnout-Syndrom multikausal bedingt ist, sind zahlreiche Faktoren zu berücksichtigen, die außerhalb der Person des betroffenen Lehrers liegen. Viele der verursachenden Faktoren können durch Sie kaum oder gar nicht beeinflusst werden.“ (Becker/Gonschorek)

Dieses Modell der Selbstanalyse ist deshalb so interessant, weil es selbstverantwortlich ausgefüllt Anhaltspunkte dafür aufzeigt, wo eine Person aktuell in ihrem Stresserleben bzw. ihrem Stresspegel steht, um so möglichst frühzeitig geeignete Maßnahmen zum Wiedergewinnen von psychischer Stabilität und Selbstregulation einleiten zu können.

Die eben vorgestellte Selbstanalyse ließe sich mit einem zeitlichen Abstand noch durch das Ermitteln eines persönlichen Überdrussquotienten nach Aronson ergänzen. Im Rahmen dieses Tests werden die Teilnehmenden gebeten, insgesamt 20 verschiedenen Befindlichkeitsbeschreibungen („bekümmert sein“, „sich wertlos fühlen“, „sich optimistisch fühlen“ usw.) jeweils eine mit einer Schlüsselzahl versehene Häufigkeitsangabe hinzuzufügen („niemals“ [1], „selten“ [2], ... „immer“ [7]). Dieser Test ist im Anhang zu finden (Aronson et al.).

Beide oben genannten Verfahren (BOT und Überdrusstest) können Personen, die in sozialen bzw. pädagogischen Berufsfeldern tätig sind sich mit ihrer persönlichen Befindlichkeit und dem Ausmaß ihrer Erschöpfung im Arbeitsfeld auseinander setzen. So kann jede(r) Betroffene sich über die belastend empfundene jeweilige Verfassung Klarheit verschaffen und sich z.B. bewusst für eine Teilnahme an Seminaren oder Kursen zur Prävention entscheiden (nach Fiedler).

Im Sinne eines solugenetischen Ansatzes müssen nach Arold/Schaarschmidt die individuellen und sozialen Ressourcen einer Person als Hilfen und Schutzfaktoren in den Vordergrund gestellt werden, damit eine gesundheitsförderliche Bewältigung von stressbelasteten Situationen erfolgen kann. Die Autoren sehen bei Betroffenen “eine aktive Rolle bei der Mitgestaltung ihrer Beanspruchungsverhältnisse.“ (Arold/Schaarschmidt) Tausch weist ergänzend darauf hin, dass das Bewältigen von Stress auf multimodale Weise möglich ist: Zum einen durch die Veränderung der Situation im Sinne einer situations- bzw. problemorientierten Handlungsbewältigung und zum anderen durch ein Vermindern der je eigenen Erregbarkeit z.B. durch meditative Entspannungstechniken oder achtsamkeitsbasierte Übungen sowie daraus sich entwickelnde Veränderungen des Bewertens von jeweiligen Ereignissen z.B. durch ein erfahrungsbezogenes, kognitives Neubewerten und dadurch sich eröffnende weitere Handlungsalternativen (nach Tausch).

Ein Modell und Ansatz zum Erkennen und Stärken der je individuellen Ressourcen ist das „Züricher Ressourcen-Modell“. Das Zürcher Ressourcen Modell ist als Open Source angelegt. Die Kursmaterialien stehen auf der Homepage www.zrm.ch zum kostenlosen Herunterladen zur Verfügung. Die Universität Zürich bietet im Rahmen eines Zertifikatskurses eine Ausbildung zum ZRM-Trainer / zur ZRM-Trainerin an.

5.2 Züricher Ressourcen-Modell

In diesem Teilkapitel werden die Grundlagen, Ziele und Ansätze des Züricher Ressourcenmodells sowie überblickartig die Elemente benannt, mit denen das Modell arbeitet. „ Mit dem ZRM können folgende Kategorien von Themen bearbeitet werden:

- Entwicklung, Bewegung, Veränderung
- Energie, Kraft und Harmonie
- Auf die innere Stimme hören
- Ruhe, Entspannung, Gelassenheit, Zeit und Raum
- Selbstsicherheit, Selbstbewusstsein, Selbstverwirklichung
- Integration vielfältiger Strebungen, Autonomie / Bindung, Freiheit / Stabilität.“ (Storch)

5.2.1 Grundlagen des ZRM

Im Zürcher Ressourcen Modell wird ein neurobiologischer Ressourcenbegriff verwendet. Alles, was gesundheitsfördernde neuronale Netze aktiviert bzw. entsprechende Ziele fördert, wird als Ressource bezeichnet.

Das Züricher Ressourcen-Modell ist ein Selbstmanagement-Verfahren, das über Motto-Ziele, somatische Marker, einen individuellen Ressourcenpool und Embodiment in entsprechenden Situationen die individuellen Ressourcen aktiviert. Dies stärkt die Antriebskraft für alles, was jetzt angepackt werden muss. Das ZRM unterscheidet dabei zwischen Intentions- (IG) und Extentionsgedächtnis (EG). Fürs ZRM ist für ein persönlich und situativ stimmiges Verhalten vor allem das Extentionsgedächtnis entscheidend, das bei angestrebten Zielen immer einen „allgemeinen Zielkorridor“ ′anbietet′

(motivationale Ziele), um so eine möglichst breite Handlungspalette zu eröffnen.

5.2.2 Das Rubikon-Modell im ZRM

Das Züricher Ressourcen-Modell greift das Rubikon-Modell von Heckhausen und Gollwitzer auf, das ein motivationspsychologisches Modell darstellt mit der Intention eines zielrealisierenden Handelns. Heckhausen wählte den Begriff des Rubikon in Anlehnung an eine Aussage Julius Caesars, der im Jahre 49 v. Chr. mit den Worten „alea jacta est“ (lat: der Würfel ist gefallen) bekundete, dass er nach einer Phase des Abwägens den Entschluss gefasst hatte, mit seinen Soldaten den Fluss mit Namen „Rubikon“ zu überschreiten und gegen Rom zu ziehen.
Mit diesem Modell wird es möglich, das, was ein Mensch gerne tun würde, seine Intention bzw. sein Handlungsziel von Beginn an während seiner weiteren Genese zu begleiten. In einem Bild gesprochen: Ein Handlungsziel wird ′auf seiner Reise durch die Zeit begleitbar′. Mit diesem Modell wird „ein Überblick gewonnen über die verschiedenen „Reifungsstadien“, die ein Wunsch, ist er einmal im Bewusstsein aufgetaucht, durchlaufen muss, bis der betreffende Mensch soweit mobilisiert, motiviert und aktiviert ist, damit dieser Wunsch zum Ziel wird, mit Willenskraft verfolgt und aktiv in Handlung umgesetzt wird.“ (siehe Heckhausen; Storch) Die Rubikon-Metapher wurde gewählt, um „die Grundprobleme einer jeden Motivationspsychologie zu analysieren, nämlich die Wahl von Handlungszielen einerseits und die Realisierung dieser Ziele andererseits.“ (Gollwitzer) „Welche Karriere müssen Wünsche durchlaufen, damit sie effektiv in relevante Handlungen umgesetzt werden können?“ Die Grafik verdeutlicht nochmals den „Rubikon-Prozess“:

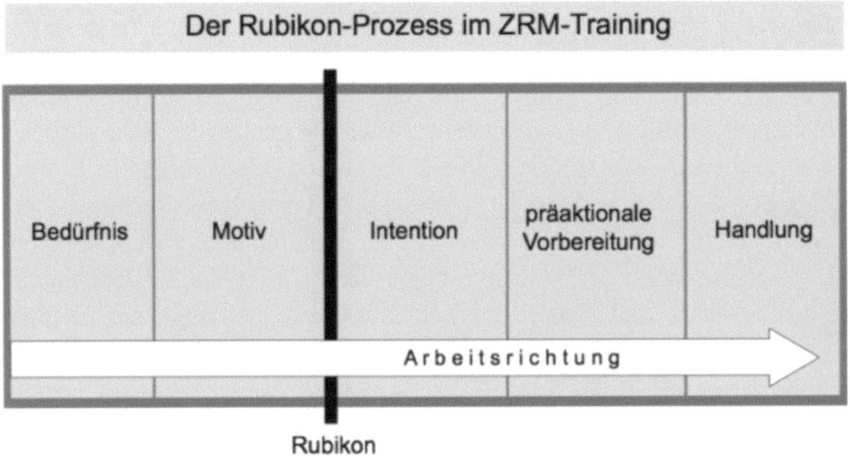

5.2.3 PSI-Theorie - Motivation

Kuhls PSI-Therorie erklärt, dass ein Menschen mit vier Funktionssystemen die ihn umgebende Welt erfasst und die gewonnenen Informationen verarbeitet. Nach Storch sind für „das Thema der Motivation zwei dieser Systeme bedeutsam, das Intentionsgedächtnis (IG) und das Extensionsgedächtnis (EG)." Hirnbiologisch ausgedrückt: Das Intentionsgedächtnis findet sich vor allem im präfrontalen Cortex (Funktionen der Selbsteinschätzung und der willentlichen Kontrolle). Das Extentionsgedächtnis umfasst vorwiegend das Limbische System und seine Nervenverbindungen in den Cortex (Großhirnrinde; Langzeitgedächtnis).

Exkurs: *Begriffsklärung und Wirkungsweise von IG und EG:*
„Das ***Intentionsgedächtnis (IG)*** ist das Gedächtnis für bewusste Absichten, die eine Person gefasst hat. Es besitzt wenige Nervenverbindungen in andere Gehirnbereiche. Die Tätigkeit des IGs ist ans Bewusstsein gebunden. Das IG verfügt nur über wenig Arbeits- oder Speicherkapazität. Eine bewusste Entscheidung des IGs verläuft langsam und ohne Affekt. Um vorschnelles Handeln zu verhindern, muss bei jeder Aktivierung des IGs ein positiver Affekt, der spontane Handlungen auslöst, gehemmt werden. Die Hemmung von positivem Affekt ist wichtig, um schwierige und/oder langfristige Absichten nicht zu vergessen und sich nicht von Umgebungsanreizen ablenken zu lassen. Auch um den richtigen Moment für eine Handlung abzuwarten und eine Planung zu Ende zu denken, wird die Hemmung von positivem Affekt benötigt, denn ein starker positiver Affekt würde veranlassen, die Handlung beim bloßen Gedanken daran sofort ausführen.
Hinsichtlich von Motivation ist das IG ein zielbildendes und ergebnisorientiertes System. Das heißt, im Vordergrund stehen die Anreize, die außerhalb der Tätigkeit selbst liegen, die Motivation ist nicht auf das Erleben der Tätigkeit selbst gerichtet. Daher ist das IG für den extrinsischen Aspekt von Motivation zuständig. Konkrete und spezifische Ziele, insbesondere wenn sie nicht gleich ausgeführt werden können und/oder anspruchsvoll sind, aktivieren das IG; dieser Umstand erklärt, warum die affektive Reaktion auf solche Ziele oft nur „lauwarm" ausfällt. Wenn eine Person mit dem Bewusstsein, also mit dem IG, ein Ziel bearbeitet, wird dieses Ziel zunächst unabhängig davon gebildet, wie die „gefühlte" Bewertung dieses Zieles aussieht. Ob ein Ziel als erstebenswert einzustufen ist, wird vom IG überprüft anhand von logischen Argumenten. Will das IG Ziele bilden, die intrinsische Motivation aktivieren, benötigt es dazu die Abstimmung mit dem EG. Die Synchronisierung von bewussten und unbewussten Anteilen der Motivstruktur eines Menschen – und damit auch die Lösung von

Zielkonflikten – besteht in der Terminologie der PSI-Theorie in einem Dialog zwischen IG und EG.

Das ***Extensionsgedächtnis (EG)*** ist nach Kuhl ein Funktionssystem, das assoziative Netzwerke aller autobiographischen Erfahrungen, Bedürfnisse, Motive, aktuelle Befindlichkeit, Ziele, Normen und Werte einer Person enthält. Das EG hat eine riesige Verarbeitungs- und Speicherkapazität. Das EG besitzt eine breite neuronale Vernetzung (Nervenverbindungen) in zahlreiche verschiedene Gehirnbereiche und eine enge Anbindung an das autonome Nervensystem (Lymbisches System). Aufgrund dieser intensiven und vielfältigen Vernetzung ist es möglich, dass z.B. ein einziger Geruch, zum Beispiel der Geruch von einem bestimmten Sonnenöl, die Erinnerung an die erste Sommerliebe aus Italien aufrufen kann. Die vielfältige Vernetzung ermöglicht es dem EG, in komplexen Entscheidungssituationen einen großen Variantenreichtum an entscheidungsrelevanten Parametern simultan parallel zu verarbeiten. Die Tätigkeit des EGs ist im Gegensatz zur Tätigkeit des IGs nicht ans Bewusstsein gebunden, die Entscheidungs- und Bewertungsprozesse verlaufen in Bruchteilen von Sekunden unterhalb der Bewusstseinsschwelle. Hinsichtlich von Zielen kennt das EG so etwas wie spezifische, konkrete Ziele gar nicht. Die Zielvariante, die aus dem EG kommt, ist nach Scheffer & Kuhl ein allgemeiner „Zielkorridor“.

Zusammenfassend: Eigenschaften von IG und EG (Storch)

	Intensionsgedächtnis	**Extensionsgedächtnis**
Verarbeitungsebene	bewusst	unbewusst
Motivationstyp	extrinsisch	intrinsisch
Code	verbal	somato-affektiv
Geschwindigkeit	langsam	sehr schnell
Funktion	Denken	Fühlen
Bewertung	analytisch	ganzheitlich
Zieltyp	spezifisch, konkret	allgemein, global
Affektzugang	Affektabkopplung	Affektsensisitivität

Eine andere Darstellung erweitert und präzisiert den Blick auf die beiden Gedächtnisarten (Wilson):

Intentionsgedächtnis (Bewusstsein)	**Extentionsgedächtnis** (adaptives Unbewusstes)
Ein System	Multiple Systeme
check und Ausgleichsmaßnahmen im Nachhinein	Online Mustererkennung
Arbeitet auf lange Sicht	Befasst mit dem Hier und Jetzt
Reflexionsgesteuert	Reizgesteuert
Kontrolliert (langsam, intentional, kontrollierbar, mit Anstrengung verbunden)	Automatisch (schnell, nicht intentional, unkontrollierbar, mühelos)
Flexibel, aber stark störanfällig	Rigide, aber wenig störanfällig
Wahr / Falsch - Bewertung (logisch)	Gut / Schlecht - Bewertung (heroisch)
Kommunizierbar über Sprache	Kommuniziert über somatische Marker
Hat Zugriff auf Arbeitsgedächtnis (Kurzzeitspeicher)	Hat Zugriff auf emotionales Erfahrungsgedächtnis (Langzeitspeicher)

5.2.4 Motto-Ziele

Beim Entwickeln des Zieltyps „Motto-Ziele" waren nach Storch folgende Überlegungen wichtig:

- „Welche Rolle spielen bewusste und unbewusste Funktionssysteme der menschlichen Psyche bei der Aktivierung von Ressourcen? - Die Theorie der Persönlichkeits-System-Interaktionen (PSI-Theorie) von Kuhl bietet zur Beantwortung dieser Frage eine optimale Grundlage.
- Welche Rolle spielt die affektive Bewertung beim Zustandekommen von intrinsischer Motivation? ... Lässt sich hier eine Systematik finden, die für das Entwickeln von Zielen nützlich sein kann?
- Welche Konstruktionsebenen gibt es, auf denen Ziele entwickelt werden können? ... Dies ist nötig, um verschiedene Zieltypen hinsichtlich ihres Stellenwerts für das innere Zielsystem einordnen zu können." (nach Storch)

Motto-Ziele ermöglichen, die Abstimmung des IGs mit dem EG systematisch vorzunehmen und in Zielform zu bringen.

„Motivational im Zielkorridor liegende Ziele steuern grundlegend das motivierende innerpersönliche ´Geschehen´ bzw. die innere Haltung, mit der psychisches Geschehen gesteuert wird." (Storch) Kruglanski et al. und Kopetz zeigen in ihrer Goal-Systems-Theory auf, „dass im Unterschied zu spezifischen Zielen ein allgemeines Ziel die Eigenschaft der Äquifinalität hat, was meint, dass es sehr viele Handlungen gibt, die für ein allgemeines Ziel zielführend sein können. Daher erarbeitet sich jede(r) Teilnehmende an einem ZRM-Seminar für sich ein spezifisches Motto, z.B. „Ich springe hinauf, entspanne und begrüße den Rundblick" oder „Ich beobachte und nutze die Chancen". So eröffnen sich zahlreiche verschiedene, mit dem ´Ziel-Motto´ vereinbare und für eine aktuelle Situation erprobbare Handlungsvarianten. Dies wirkt psychisch stärkend, weil Ziel und Handlungsvarianten übereinstimmen sowie das Erfahren einer eigenen Handlungsfähigkeit.

5.2.5 Somatische Marker im ZRM

Ob ein allgemeines Ziel vom Extentionsgedächtnis als erstrebenswert eingestuft wird oder nicht, wird mittels somato-affektiver Signale überprüft. Diese somato-affektiven Signale hat der Gehirnforscher Damasio „somatische Marker" genannt. Als somatische Marker bezeichnet Damasio ein biologisches Bewertungssystem, das durch Erfahrung entsteht und über Körpersignale und/oder emotionale Signale verläuft. Somatische Marker sind in ihrer affektiven Komponente als Basalaffekte wahrnehmbar, d.h. noch nicht als differenzierte Emotion, sondern als diffuse Affekt-Anmutung im Sinne einer dualen Bewertung: Plus oder Minus, gut oder schlecht, aufsuchen oder vermeiden. Im Volksmund heißt dieser Typ von Bewertungssignal auch „Bauchgefühl“, wobei sommatische Marker im ganzen Körper wahrgenommen werden können. ... Wenn der menschliche Organismus sich später wieder in einer entsprechenden Situation befindet oder sich in einem vorausschauenden Planungsprozess darüber Gedanken machen muss, wie er mit einer bestimmten Situation umgehen soll, erfährt er über somatische Marker blitzschnell, was zu dieser Thematik bisher an Erfahrungen gesammelt wurde. Damasios Untersuchungen haben ergeben, dass den somatischen Markern in Entscheidungssituationen eine zentrale Rolle zukommt. Körpersignale oder Emotionen, so diese Theorie, sind die entscheidenden „Stop“- oder „Go“- Signale bei Motivationsprozessen.“ (Storch)

Das Gehirn kann zwar über seine Sinnesorgane durch die Umwelt erregt werden, diese Erregungen enthalten jedoch keine bedeutungshaltigen und verlässlichen Informationen über die Umwelt. Vielmehr muss das Gehirn über den Vergleich und die Kombination von sensorischen Elementarereignissen Bedeutungen erzeugen und diese Bedeutungen anhand interner Kriterien und des Vorwissens überprüfen. (...) Die Wirklichkeit, in der ich lebe, ist ein Konstrukt des Gehirns (nach Roth). Solche für das Bewusstsein zugänglichen Bedeutungen stellen die somatischen Marker in Form z.B. von Körpersignalen dar.
„Menschen, die nicht in der Lage sind, ihre somatischen Marker wahrzunehmen, haben keinen Zugang zu der Bewertung des EGs und haben deswegen keine Möglichkeit, bewusst gefasste Ziele daraufhin zu überprüfen, ob sie der eigenen Erfahrungs- und Wertewelt entsprechen. Kuhl bezeichnet dies als „Selbstinfiltration“ – worunter er die Unterwanderung des eigenen Selbst durch fremde Zielvorstellungen versteht. Wenn Menschen ihre somatischen Marker wahrnehmen und feststellen, dass zwischen ihrem bewusst mit dem IG gefassten Ziel und der somato-affektiven Bewertung des EGs eine Diskrepanz besteht, befinden sie sich in einem Zustand der inneren Zerrissenheit und des Unbehagens (Storch & Kuhl).
Es gilt zu lernen, wie die Diskrepanzen zwischen den beiden Systemen (IG) und EG synchronisiert bzw. bearbeitet werden können. Ein Übergehen der Signale des EG, um ein vom IG bestimmtes Ziel zu erzwingen, ist nach Storch nur bei kurzen Interventionen sinnvoll. Wer gegen den Widerstand des EGs über einen längeren Zeitraum versucht ein privates oder berufliches Ziel zu erreichen „wird entweder scheitern oder mit einem dauerhaften Gefühl der Selbstentfremdung bzw. des Missbehagens konfrontiert sein, was zu Depressionen bis hin zum Burnout führen kann.“ (Baumann, Kaschel & Kuhl) Nach Storch kann „die Abgleichung von Zielen aus dem IG mit den Erfahrungen und Werten des EGs auch beim Lösen von Zielkonflikten helfen. Weil das

EG alle persönlich relevanten Erfahrungen berücksichtigt, ist es das einzige psychische Funktionssystem, das auch alle Widersprüche gleichzeitig präsent haben kann und damit aus einer Überblicksposition heraus nach ganzheitlichen Lösungen suchen kann.“ (Storch)
Somatische Marker werden im ZRM-Training eingesetzt, um herauszufinden, welche Ziele die Teilnehmenden für sich verfolgen sollen. Mit Hilfe dieses Handwerkzeuges, das jedem Menschen mit einem unverletzten Gehirn zur Verfügung steht, werden die Teilnehmenden darin unterrichtet, Selbst-Diagnostik zu betreiben. Anhand ihrer Stop- und Go-Signale erarbeiten sie sich eine maßgeschneiderte, individuelle Handlungsabsicht. Dieses Vorgehen unterscheidet das ZRM-Training von anderen Methoden, in denen das wünschenswerte Verhalten aus Expertensicht vorgegeben und/oder allein auf Verstandesebene erarbeitet wird. Durch den Erwerb von Wissen über die Wurzeln der eigenen Motivierbarkeit werden die Teilnehmenden zu Experten für die eigene Person und steigern dadurch ihr Selbstwirksamkeitserleben, eine der wichtigsten Ressourcen für psychische Gesundheit und Kompetenzwahrnehmung (siehe Schunk/Pajares).

Affekte nehmen maßgeblichen Einfluss darauf, wie ein Mensch eine Situation einschätzt und welche Handlungsmöglichkeiten er sieht. Untersuchungen haben ergeben, dass „positive und negative Affekte als zwei getrennte Dimensionen zu behandeln sind.“ (siehe: Storch & Kuhl) Auf die motivationalen Werte eines Ziels wirken sowohl die positiven wie die negativen Affekte ein. Ein eingeschätztes Ziel, das positive´ Affekte auslöst, wird motivational verstärkt, wohingegen ein Ziel, das negative Affekte auslöst, abgeschwächt wird. „Wenn das IG eine Bewertung über ein Ziel abgibt, wird die kognitive Einstellung erzeugt, wenn das EG eine Bewertung abgibt, entsteht die affektive Einstellung. Wie Ferguson (2008) ausführt, kann man davon ausgehen, dass zielrealisierendes Handeln desto einfacher von statten geht, je schneller und spontaner ein Mensch positive affektive Einstellungen gegenüber zielrelevanten Stimuli generieren kann. Hier haben wir die affektive Basis dessen, was als psychische Ressourcenaktivierung bezeichnet werden kann.“ (Storch) Nach dem Rubikon-Modell (siehe oben) beginnt eine Handlung mit einem unbewussten Bedürfnis, das sich dann zu einem bewussten Motiv wandelt. Gelingt es nun den innerlichen „Rubikon“ zu überschreiten wird aus der psychischen Ressourcenaktivierung eine handlungsleitende Intention und Entschlossenheit, sodass die Phase der sog. ´präaktionalen Vorbereitung´ eingeleitet wird, d.h. es erfolgen Planungen und Maßnahmen, um anschließend konkret eine zielgerichtete Handlung auszuführen (nach Storch).

5.2.6 Ressourcenpool im ZRM

In ZRM-Seminaren baut sich jede(r) Teilnehmende einen individuellen Ressourcenpool auf. Dies geschieht dadurch, dass alle persönlichen Stärken notiert und an mindestens einem markanten Beispiel vor dem inneren Auge mit allen damit verbundenen positiven Emotionen präsent wird.
Der Aufbau eines Ressourcenpools beruht auf „neurowissenschaftlichen Grundlagen zur neuronalen Plastizität" (Hüther) und gedächtnistheoretischen Erkenntnissen zum Erwerb von implizitem, das heißt unbewusstem, Wissen (Markowitsch). Nach Markowitsch kann implizites, d.h. unbewusstes Wissen auf zwei Wegen erlernt werden:

a) Durch das Bilden von unbewusst ablaufenden Automatismen, z.B. über häufiges bewusstes Wiederholen, Üben und Trainieren.

b) Durch ein sogenanntes Priming, eine spezifische Form von unbewusstem Lernen.

Aus Experimenten ist bekannt, dass es unwesentlich für das Aktivieren von neuronalen Netzen ist, ob dies bewusst oder unbewusst erfolgt. Immer hat dies Auswirkungen auf eine Handlung. Wesentlich aufgrund der neuronalen Plastizität des Gehirns ist, dass das zu stärkende neuronale Netz so häufig wie möglich genutzt wird.
Das ZRM-Training bereitet solche Priming-Prozesse vor zum systematischen und konsequenten Festigen individuell erarbeiteter Handlungsabsichten. „Wenn das häufige Benutzen eines neuronalen Netzes, auch wenn dies unterhalb der Bewusstseinsschwelle geschieht, bereits den Vorgang der plastischen Veränderung neuronaler Strukturen in Gang setzt, dann kann mit einer einmaligen Aktion, nämlich der gezielten ′Installation′ von Erinnerungshilfen, sehr viel für die positiv adaptive (gesundheitsförderliche) Veränderung des Gehirns getan werden. Immer, wenn im Alltag diese Erinnerungshilfen in den Blick einer Person geraten, aktivieren sie wieder das entsprechende neuronale Netz. Um dies zu gewährleisten müssen diese Erinnerungshilfen ′exponiert′ sein.

5.2.7 Embodiment des ZRM

Bei jedem Menschen stehen das psychische System und die Körperfunktionen in enger Verbindung bzw. einem stetigen Austausch miteinander. Überlastende Situationen eines Systems wirken auch auf das andere System. Das Konzept „Embodiment" befasst sich mit diesen Zusammenhängen. Insbesondere bewirken das Gehirn überlastende Situationen aufgrund des Ausschüttens von Cortisol und anderen Botenstoffen (z.B. Noradrenalin) spezifische Körper-reaktionen: Er wird auf die Mobilisierung aller Kräfte vorbereitet - Kampf, Angriff oder Flucht. Dies ist immer mit einer anstrengenden körperlichen Tätigkeit bzw. Aktivität verbunden. In aktuellen Berufsfeldern ist die Umsetzung einer körperlichen Aktion in den allermeisten belastenden Situationen nicht möglich: D.H. der Cortisolspiegel bleibt erhalten. Cortisol kann nur durch körperliche Bewegung abgebaut werden. Solange es im Körper ist, wirkt es z.B. fatal in allen Situationen, die eine gesteigerte oder starke geistige Leistung erfordern: Ein erhöhter Cortisolspiegel vermindert jedoch die Denk- und Gedächtnisleistung. Es gilt demnach durch individuell wirksame Maßnahmen zu erreichen, dass das Gehirn herausfordernde Situationen nicht als stressrelevant einstuft bzw. bewertet und somit kein Cortisol ausstößt. Dies lässt sich durch eine vorbereitende bzw. reaktive Emotionsregelung erreichen. Vorbereitend meint, dass ein Mensch sich innerlich auf eine zu erwartende Emotion einstellt und im Vorfeld passende Körperhaltung mit Mimik und Gestik bzw. Handlungsweisen geistig oder konkret ′durchspielt′ (Selbstmanagement). Eine vorbereitende Emotionsregelung bewirkt, dass unpassende emotionale Reaktionen weitgehend unterbleiben. Da Körper und Psyche in Wechselwirkung stehen, kann zum Beispiel eine kurzzeitig eingenommene, stimmige Körperhaltung eine unerwünschte Emotionsreaktion verhindern. Tritt in einer überraschend aufkommenden Situation eine Emotion auf, greift das Gehirn auf bereits erfahrene Situationen und die dortige Bewältigungsweise zu. Dies bedeutet, je öfter präventiv ′durchgespielte′ und dann ggf. praktizierte Bewältigungs-weisen ′erfahren′ wurden, desto eher können diese auch in unvorhersehbaren Situationen aktiviert werden.

Kurzzeitiger Stress kann förderlich sein, indem er stark aktivierend im Bewältigen von ungewöhnlichen Situationen wirkt und wichtige Lernprozesse auslösen kann. Jedoch auch bei kurz wirkendem Stress und insbesondere bei häufigem oder länger dauerndem Stress sollte bzw. muss jeder Mensch individuell passende, präventiv wirkende bzw. in einer aktuellen Situation das gehirneigene Bewertungsmuster (biologisches Überlebensprogramm) neutralisierende Maßnahmen ergreifen, um seine Gesundheit zu erhalten.

Das ZRM setzt hierzu sowohl bei den „Somatischen Markern“ als auch beim „Ressourcenpool“ an (siehe oben). Beide weisen das entscheidende Merkmal auf, dass sie vom jeweiligen Menschen selbst bestimmt, erarbeitet und im individuellen neuronalen Netz verankert wurden. Im ZRM-Training werden beide für den unbewusst ablaufenden Informationsverarbeitungsprozess im Gehirn u.a. auch durch mentales Training verfügbar gemacht: Die individuelle Bewertung einer Situation verändert sich. So stehen z.B. überlastenden Arbeitsstressoren spezifisch aktivierbare, vielfältige

Ressourcen gegenüber, die ein proaktives Bewältigen erleichtern. Psychisch unterstützt wird das proaktive Bewältigen durch das praktizierte Priming, z.B. durch persönlich bedeutsame Erinnerungshilfen, durch individuell an Erfahrungen verdeutlichte konkrete geistige, soziale und körperliche Stärken / Fähigkeiten, des Weiteren durch das erlernte ´Hinhören´ auf Körpersignale als Ressource für einen handlungsbezogenen „Zielkorridor“. Ein solches ´Hinhören´ auf Körpersignale hat auch als Konsequenz das bewusste Einplanen und Einhalten sowohl von individuell passenden Entspannungs- wie Bewegungsphasen. Dies alles bewirkt eine veränderte Bewertung von stressrelevanten Situationen, auch wenn diese häufiger oder über einen längeren Zeitraum bestehen.

Beim ZRM-Training erfahren und üben Teilnehmende Strategien zum Umgang mit stressrelevanten Situationen. Dazu lernen Teilnehmende Strategien zum Erkennen von Warnsignalen, die problematische neuronale Netze aktivieren und sie erarbeiten Stoppsignale zum Unterbrechen einer beginnenden Stressreaktion. Hierzu gehört auch der gezielte Einsatz des individuellen Ressourcen-Pools sowie der konkreten Handlungsvorsätze (Ausführungsintentionen) (nach Storch).

5.2.8 Bedürfnisse sehen und befriedigen

Die Kernaussage von Becker hinsichtlich des Bewältigens von Stressbelastungen ist: „Der Gesundheitszustand einer Person hängt davon ab, wie gut es ihr gelingt, externe und interne Anforderungen mit Hilfe externer und interner Ressourcen zu bewältigen.“ Soll ein Bedürfnis befriedigt werden, so ist eine optimale Passung von externen und internen Ressourcen erforderlich. Becker versteht unter externer Ressource z.B. eine soziale Unterstützung; sei dies nun im Berufsfeld oder privat durch Menschen, die eine Person in ihrem Wachsen fördern und unterstützen. Interne Ressourcen umfassen alle Fähigkeiten, Kompetenzen und Erfahrungen. Eine Passung läßt sich auch erreichen, indem Umweltgegebenheiten und die eigenen Bedürfnisse von einer Person aktiv koordinierend, d.h. mit Denken und Tun angestrebt werden.

Oft sind die je eigenen Bedürfnisse vage, unartikuliert diffus. Daher gilt es, diese zunächst genau wahrzunehmen bzw. zu bestimmen. Das Lernen des Wahrnehmens der je eigenen Bedürfnisse ist im ZRM-Training ein wichtiges Thema (Storch). Dies erfolgt u.a. gezielt durch die „Somatischen Marker“.

5.3 Elemente eines meditativen, fokusierenden und entspannenden Übens

Im Folgenden werden einige konkrete, ´einfache´ Ansätze individueller Möglichkeiten von die persönliche Achtsamkeit stärkenden, ein Entspannen fördernden und zugleich jederzeit auch allein durchführbaren Übungen vorgestellt.

(A) Mentales Training

Ein mentales Training findet statt, wenn ein Mensch geistige Vorstellungsübungen macht, d.h. Dinge bzw. Situationen visualisiert bzw. übend immaginiert. Es ist eine wirksame Vorgehensweise, um sich z.B. emotionale oder geistige Techniken und Strategien (u.a. Bewältigungsstrategien) anzueignen. Im sportlichen Bereich wird dies häufig bei Leistungssportlern eingesetzt. Diese immaginieren z.B. vor einem Wettkampf die von ihnen durchzuführenden Abläufe. Übrigens finden mentale Übungen bei jedem Menschen bereits ´unbewusst´ statt: Wenn sich bei ihm vor oder nach belastenden Situationen bestimmte Bilder oder Abläufe (Zukünftiges ´ausmalen´) in Form von Befürchtungen (negative Gefühle) einstellen.

Entscheidend für ein Verändern von Verhalten bzw. ein Umdeuten einer Situation ist, dass das Gehirn sowohl real gemachte sowie geistig sich vorgestellte Erfahrungen gleich behandelt: Beide sind in der Lage steuernd zunächst in der Psyche und dann im realen Tun zu wirken. So lassen sich z.B. gedankliche Gewohnheiten verändern: Mentales Training ist ein Üben, wie ein Mensch z.B. in einer bestimmten Situation denken, fühlen und handeln will. Je öfter ein solches Training z.B. einer Denkweise stattfindet, desto eher findet sich dies in der realen Umsetzung wieder. Das mentale Training, konsequent und häufig passend eingesetzt, hat die Vorteile, dass es überall und fast jederzeit praktikabel ist und jedes Verhalten, jeder Gedanke und jedes Gefühl bewusst geistig trainiert werden kann. Entscheidend ist, wie bei jedem Üben das Dranbleiben, um einen wirklichen Effekt zu erzielen.

Ein mentales Training besteht aus zwei Teilen:

a) Übungen zum Entspannen; b) Mentales Training.

Ein mentales Training in Form einer Immagination kann auf zwei Arten durchgeführt werden: Einmal als ´Beobachter´ und zweitens als ´Handelnd Bewältigender´. Bei ersterem läuft eine geistig vorgestellte Situation filmartig ab. Der ´Beobachter´ ist Zuschauer und sieht wie er selbst in einer Situation gemäß seinen Wünschen, seinem Denken und Fühlen agiert. Beim Zweiten ist er selbst Handelnder und befindet sich geistig direkt in der jeweiligen Situation. Dies läuft ab wie eine Alarmübung bzw. ein Einsatzplan z.B. beim THW oder der Feuerwehr. Hier greifen auch gemäß der eigenen Wünsche geistig ausgesprochene Selbstinstruktionen. Alle Sinne sind ′real′ mit einbezogen, dies umfasst auch jeweilige Gefühle.

(B) Meditationen

> Das Herrliche hat die Wahrheit, dass sie uns
> Blick und Brust öffnet und uns ermutigt,
> auch in dem Felde, wo wir unser Wirken haben,
> auf gleiche Weise umher zu schauen und zu
> erneutem Glauben frischen Atem zu schöpfen.
> (JOHANN WOLFGANG VON GOETHE)

Bei Meditationen nimmt die meditierende Person gegenüber sich selbst bzw. dem Meditationsobjekt, z.B. dem eigenen Atem oder aktuellen Moment einen beobachtenden Status ein (Beobachtermodus). Dieser ′Beobachtermodus′ vermindert z.B. entstehende Emotionen und das Aufkommen neuer Emotionen. Es geht um bewusstes Wahrnehmen eines Beobachtungsobjekts. Im Alltag nehmen Menschen zumindest phasenweise oft nicht mehr bewusst wahr, was sie gerade tun bzw. mit welchen Wahrnehmungen ein Tun verbunden ist. Insofern beinhaltet Meditieren die geistige Qualität der Achtsamkeit, d.h. die Aufmerksamkeit wird dauerhaft auf ein bestimmtes reales oder geistiges ′Objekt′ gerichtet, ohne sich davon ablenken zu lassen. Ablenkende Gedanken o.Ä. werden ohne Bewerten freundlich und geduldig registriert. Dies ist ein wichtiges Verhalten bei Meditationen; denn das Ziel ist das Üben eines immer besseren, bewussteren Fokussierens der Aufmerksamkeit. Das bedeutet, das Medititionsobjekt wird im Arbeitsgedächtnis gehalten. Seine geistige Kapazität ist mit dem Wahrnehmen voll belegt. Regelmäßige Übungen im Meditieren können klarere Einsichten ermöglichen, da ein verstärktes Wahrnehmen, ein mental klareres Sehen bzw. Erkennen bewirkt. Auf diese Weise ergibt sich eher ein intuitives Verstehen (siehe Extentionsgedächtnis), die Fähigkeit zum Perspektivwechsel, ein ′Sehen′ von Zusammenhängen und Wechselwirkungen sowie von Erforderlichkeiten.

Achtsamkeitsmeditation

Achtsamkeitsmeditationen beinhalten ein möglichst nicht-wertendes und nicht-identifizierendes Beobachten der Eindrücke und Erfahrungen in einem Moment. Im Beobachtermodus ist die gesamte mentale Kapazität frei und der Bewusstseinsstrom (Aufmerksamkeit) richtet sich auf die fünf Sinne (Sehen, Hören, Tasten, Riechen, Schmecken), die Körperwahrnehmung und das Wahrnehmen der mentalen Prozesse. Entsteht ein Gedanke, so wird er wahrgenommen und dann auch wieder losgelassen. Durch das fortwährende Beobachten der mentalen Prozesse lernen Meditierende sich zunehmend selbst kennen und können individuelle subjektive Reaktionen von den ankommenden Reizen unterscheiden. So gelingt es mit der Fähigkeit zum Beobachtermodus im Alltag zunehmend, die tief verankerten Reiz-Reaktionsmuster, die jeder Mensch entwickelt hat zu erkennen, zu stoppen und aufzulösen. Dies ist gerade bei heiklen Situationen sowohl im Berufsfeld als auch im privaten Umfeld bedeutsam und hilfreich. Wer mehr im Einklang mit sich selbst, gemäß der echten Gefühle, Werthaltungen und Ziele bewusst gelassener und mitfühlender handeln kann, wirkt und ist kompetenter (Selbstregulation) und strahlt mehr konstruktive Selbstsicherheit aus, was sich positiv auf das Miteinander auswirkt.

Achtsamkeitsmeditationen sollten in einem möglichst von äußeren Einflüssen freien Rahmen durchgeführt werden, da sie eine hohe Konzentration erfordern. Für die Meditation geeignete Objekte sind vielfältig. Wichtig ist, dass dieses Objekt ein positives Anmuten hat: Ein realer Gegenstand (z.B. eine Blume, ein bunter Stein, ein auszumalendes Mandala, ein Bild, usw.), ein Klang (Klangschale, Klangstab, kurze Melodie, usw.) ein Geruch oder eine langsame, gleichmäßige Bewegung. bzw. die eigene Atmung, ein bewusstes Gehen in der Natur (z.B. Sehen, Hören, Riechen)

Atemmeditation

Vorteilhaft ist es, wenn diese Meditationen an frischer Luft stattfinden. Bei dieser Meditationsart können die Augen sowohl geschlossen als auch offen sein. Die Aufmerksamkeit richtet sich nach innen. Die Sitzhaltung ist aufrecht und locker; dies geschieht, indem das Becken leicht nach vorn gekippt wird, wodurch sich die Wirbelsäule von selbst mehr aufrichtet. Die Hände liegen z.B. locker auf den Oberschenkeln oder beim Liegen auf dem Bauch. Ein Meditieren ´in den Atem´ wirkt sowohl auf den Sympathikus als auch auf den Parasympathikus durch das regelmäßige Anspannen und Entspannen. Wichtig bei dieser Meditationsart ist ein Atmen über den Bauch (Bauchatmung), d.h. das Atmen erfolgt über das Zwerchfell, das sich hebt und senkt. Diese Meditationsart kann auf verschiedene Weise ausgeübt werden:

a) Vor der Meditation ´in den Atem´ sollten einige tiefe Atemzüge gemacht werden. Bei entspanntem Sitzen oder Liegen richtet sich die ganze Aufmerksamkeit auf den eigenen Atemrhythmus: Das gleichmäßige Heben und Senken der Bauchdecke; das Ein- und Ausströmen der Luft an der Nase. Wie bei allen meditativen Übungen werden aufkommende Gedanken registriert und die Aufmerksamkeit wieder auf das Atmen zurückgeführt. Eine Variante davon ist tiefer zu Atmen und nach dem Einatmen eine kurze Pause zu machen, dann nach einem tiefen Ausatmen wieder eine kurze Pause vor dem erneuten Einatmen usw. der Rhythmus beginnt von vorne. Die Übung kann sich zeitlich steigernd bis 10 Minuten dauern.

b) Verschiedene Autoren benennen weitere Formen des Atmens, z.B. das Atmen in einem bestimmten Rhythmus. Ein solcher Rhythmus muss zur meditierenden Person passen. So wird z.B. Folgendes empfohlen:

» Zu Beginn der Meditation werden einige normale Atemzüge bewusst wahrgenommen. Die Hände liegen auf dem Bauch. Jetzt wird tief eingeatmet und dann kurz und kräftig (hörbar) ausgeatmet; dann wieder tief Einatmen und kurz (stakkatoartig) ausatmen. Dies erfolgt bis zu 10 Mal. Auf diese Weise wird z.B. verbrauchte Restluft aus den Lungen ausgespült.

» Hodeige präferiert eine sogenannte 4-Sekunden-Atmung, d.h. ein Atmen mit Zählen:

- Einatmen; Zählen von 21 bis 24 (Sekundentakt);
- Ausatmen; Zählen von 21 bis 24;

und diesen Rhythmus über mindestens fünf Minuten beibehalten.
(siehe Hodeige, N.: https://www.leben-mit-ohne.de/die-4-sekunden-atmung/)

» Die folgende Meditation findet im Stehen statt und bezieht zugleich eine Bewegung ein. Die Beine und Füße stehen schulterbreit gespreizt, die Knie sind leicht gebeugt, sodass ein bequemes Stehen möglich ist, die Arme hängen locker an der Körperseite herunter. Nun erfolgt ein tiefes, langsames Einatmen verbunden mit dem gleichzeitigen Heben der Unterarme und Hände vor der Brust bis Brusthöhe. Beim tiefen und langsamen Ausatmen werden die Handflächen nach außen gedreht und bewegen sich wieder zur Ausgangsstellung nach unten. Eine Variante wäre: Die Arme werden beim tiefen, langsamen Einatmen seitlich gestreckt am Körper hochgeführt, bis sich die Handflächen berühren. Beim tiefen Ausatmen drehen sich die Handflächen nach außen und die Arme werden wieder langsam in die Ausgangsstellung geführt. Dieser Ablauf wird mehrfach durchgeführt, am besten so lange, bis sich innere Ruhe eingestellt hat. Am Ende der Übung werden bei geschlossenen Augen die Hände auf den Oberbauch geführt und es finden noch einige tiefe Atemzüge statt.

Gehmeditation

Eine Unterart der Achtsamkeitsmeditation ist die Gehmeditation. Gehen sollte jeder Mensch so oft als möglich. Wenn wir gehen, geschieht dies meist zielgerichtet, d.h. das Gehen hat einen raumüberbrückenden Zweck hin auf ein oder mehrere Ziele. Für eine Gehmeditation sollte die Beschaffenheit des zu gehenden Weges sowie auf die eigene aufrechte Körperhaltung geachtet werden. Am besten wären naturbelassene Wege z.B. über oder entlang einer Wiese oder ein Waldweg. So möglich sollte barfuß oder zumindest mit

Schuhen, die eine dünne Sohle haben, gegangen werden. Bei der Gehmeditation achtet der/die Gehende in erster Linie auf das Gehen selbst. Die Aufmerksamkeit richtet sich voll auf die dabei stattfindenden Abläufe und Körperreaktionen. Insbesondere wird auf das Anspannen und Entspannen der Muskeln von Beinen und Armen, das taktile Gefühl an den Füßen, die Signale über die Art des Bodens senden usw. geachtet. Dieses taktile Erfahren des Bodens, seiner Beschaffenheit und meist auch seiner Festigkeit ′erdet′ und entspannt. Jeder bewusste Schritt fördert ein inneres Zurruhekommen. Zu Anfang reicht es, wenn wenige Schritte achtsam und langsam gegangen werden; dann sollte sich diese Schrittzahl nach und nach erhöhen.

Hörmeditation

Bei dieser Meditationsweise wird die Aufmerksamkeit auf das Sinnesorgan ′Ohr′ bzw. dessen Signale ans Gehirn gerichtet. Es ist ratsam am Anfang einige Entspannungsübungen zu machen, z.B. eine Atemübung oder eine Muskelanspannungs- und Entspannungsübung nach Jacobsen. Eine Hörmeditation kann sowohl zuhause als auch an von Verkehrs- oder Industrielärm freien Stellen in der Natur vorgenommen werden. Eine Hörmeditaion findet am besten im bequemen Sitzen oder Liegen statt. Beim Liegen ist ein leichtes Unterstützen von Nacken und ggf. unterem Rücken hilfreich zum Vorbeugen von Muskelverspannungen. Nach den Entspannungsübungen richtet sich die ganze Aufmerksamkeit auf das Hören. Dieses erfolgt ohne Bewerten oder Zuordnen: Alleine das Wahrnehmen der ursprünglichen Geräusche und ihr inneres Beschreiben, z.B. schrill, trällernd, rumpelnd, laut, leise, hoch tief, pfeifend, usw. ist wichtig. Findet doch ein Zuordnen statt, so soll dies ohne Bewertung freundlich und geduldig zu sich selbst wahrgenommen werden, um danach die ganze Aufmerksamkeit wieder den zu hörenden Geräuschen zu widmen. Die Übung kann z.B. mit einem Händeklatschen beendet werden. Danach kann ein Sich-Räkeln, d.h. ein Strecken und Dehnen, Schütteln von Armen und Beinen usw. erfolgen.

Imaginationsmeditation

Bei dieser Meditationsart ist eine/ein Meditierende(r) ganz bei sich. Die Aufmerksamkeit ist auf eine innere Vorstellung bzw. ein inneres Bild gerichtet als Objekt der Meditation. Ein Bild das vor dem inneren Auge z.B. aus dem Urlaub oder einer schönen Erfahrung entsteht, kann Meditationsgrundlage sein. Alle Elemente dieses ′Bildes′ gilt es wahrnehmend zu erforschen. Abschweifende Gedanken, Körperempfinden oder Gefühle werden geduldig, freundlich und ohne ein Bewerten registiert, um danach wieder zum inneren Bild zurückzukehren, d.h. die Aufmerksamkeit wieder zu fokussieren.

Rückblickend intendiert eine Praxis der Achtsamkeit einen Prozess des Kultivierens einer achtsamem Haltung, sowohl sich selbst als auch der Umwelt gegenüber. Im Kern lässt sich eine Haltung der Achtsamkeit durch regelmäßiges Üben eines offenen, akzeptierenden Blicks sowohl nach innen als auch nach außen erreichen. So kann sich die Fähigkeit zum Fokussieren der eigenen Aufmerksamkeit entwickeln, die es erlaubt im gegenwärtigen Augenblick / Moment zu bleiben sowie bei allen abschweifenden Gedanken immer wieder zu diesem Moment zurückzukommen.

Exkurs: *Meditation, Praxis von 'Achtsamkeit' - Wirkungen im Gehirn*
Während einer Meditation oder einer Übung zu Achtsamkeit aktivieren sich verstärkt bestimmte Gehirnareale. Erfolgt dies regelmäßig so nehmen nach Studien die graue und weiße Substanz im Gehirn an Dichte und Volumen zu (vgl. Ott). „Dabei haben unter anderem verschiedene Teile des präfrontalen Cortex (PFC), der Anteriore Cinguläre Cortex (ACC), die Insula, der Hippocampus und die Amygdala eine besondere Bedeutung. Die Funktionen dieser Bereiche sind folgende: Der PFC ist für gezieltes und geplantes Handeln zuständig und prägt durch seine steuernde Funktion, zum Beispiel durch Hemmung des limbischen Systems, auch Emotionen. Der ACC wird unter anderem mit der Aufrechterhaltung und Fokussierung der Aufmerksamkeit, der Koordinierung von Gedanken, dem Bemerken von Fehlern und der Integration von Denken und Fühlen in Verbindung gebracht. Die Insula nimmt den inneren Zustand des Körpers wahr und unterstützt die Reflexion von emotionalen Erfahrungen. Der Hippocampus hat unter anderem Einfluss auf Emotionsregulation, Gedächtnis und Lernen und reagiert empfindlich auf langanhaltenden Stress. Ein kleiner Hippocampus stellt einen Risikofaktor für psychische Erkrankungen wie Depressionen oder die Entwicklung einer posttraumatischen Belastungsstörung als Reaktion auf belastende Ereignisse dar. Eine Studie von Hölzel et al. belegt eine Vergrößerung der grauen Substanz unter anderem im linken Hippocampus nach Teilnahme an einem achtwöchigen MBSR-Kurs im Kontrollgruppenvergleich." (Librowicz)
Neurobiologisch gesehen gilt es „positive Emotionen zu kultivieren und negative Gefühle 'im Zaum' zu halten. ... Wenn wir uns in Selbstbeherrschung (Selbstregulation) üben, formen wir das Gehirn in doppelter Weise. Zum einen mindern wir die Wahrscheinlichkeit, dass eine negative Emotion überhaupt entsteht, weil die Verbindung zwischen dem Reiz und der Gefühlsantwort darauf geschwächt wird. Zum anderen stärken wir die Fähigkeit vor allem des Stirnhirns, solche Emotionen im Zaum zu halten,

sollten sie doch ausgelöst werden. Denn wie die meisten Fertigkeiten gilt es auch die bewusste Kontrolle der Emotionen zu trainieren. Doch auch solches Training verändert wiederum die Struktur des Gehirns – mit der Folge, dass der Umgang mit den eigenen Gefühlen allmählich leichter fällt.“ (Klein)

Die folgende Grafik zeigt zentrale Strukturen des Gehirns:

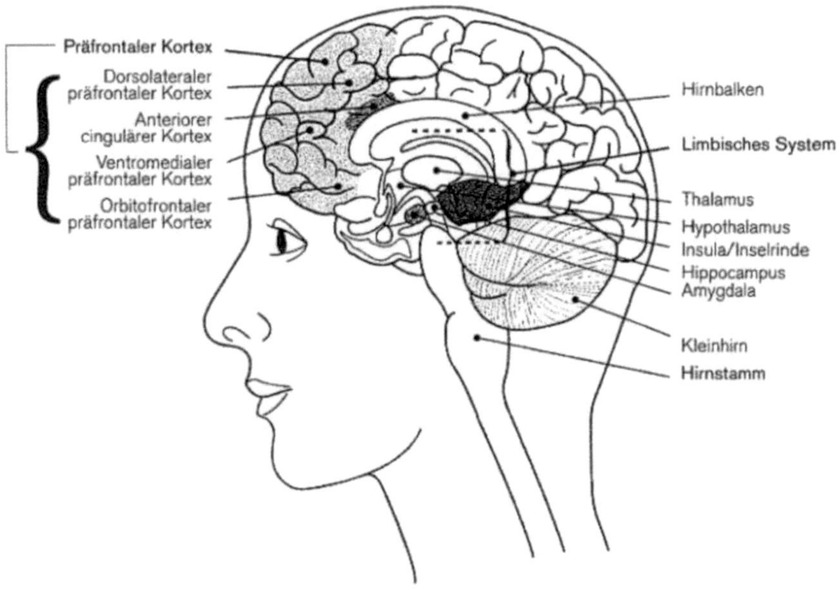

(aus Graham, Der achtsame Weg zu Resilienz und Wohlbefinden.)

Die folgende Grafik zeigt die von Knuf und Hammer entwickelte Wirkfaktorenspirale einer Praxis der Achtsamkeit:

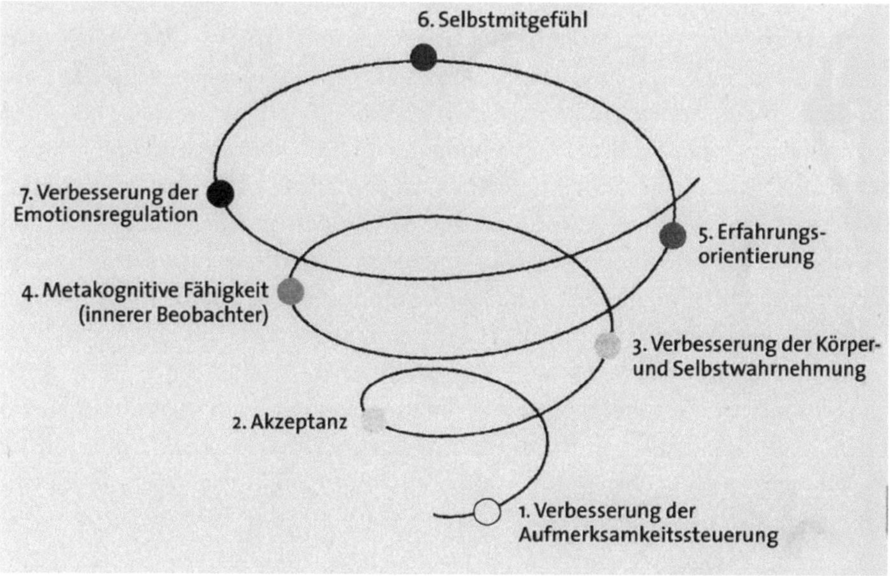

5.4 Mindfulness-based Stress Reduktions Program (MBSR)

Das Trainingsprogramm wurde von Kabat-Zinn u.A. entwickelt. „Das Übungsprogramm fußt auf der der westlichen Medizin und der buddhistischen Lehre gemeinsamen Grundannahme, dass unbewusste, gewohnheitsmäßige Gedanken, Gefühle und Verhaltensweisen die psychische und physische Gesundheit sowohl positiv als auch negativ beeinflussen können. (Zenner) Es ist ein achtwöchiges Gruppen-Interventionsprogramm, das sich aus mehreren Elementen zusammensetzt. Zentral im MBSR-Trainings ist die formelle Meditationspraxis, die als täglich zu übende Disziplin gelehrt wird: Es handelt sich um eine grundlegende Strategie für den Umgang mit negativen Emotionen, Schmerz oder Stress. Statt auf diese Zustände mit Aversion zu reagieren und sie als Folge zu unterdrücken, zu bagatellisieren, zu bekämpfen oder sich davon abzulenken, geht es im MBSR-Programm darum, zu lernen, diese Erfahrungen einfach so wahrzunehmen, wie sie sind (Kabat-Zinn). Das Programm will u.a. stressbedingten Erkrankungen vorbeugen und zu einer mehr gesundheitsförderlichen Lebensführung anregen. „Durch Achtsamkeitsübungen und Gruppenaustausche sollen persönliche Verhaltensmuster bewusst werden, um sie in einem nächsten Schritt zu unterbrechen.

Dabei soll die akzeptierende, nicht-wertende Grundhaltung der Achtsamkeit auch helfen, dass keine unnötigen Energien in das Abwehren und Bekämpfen von nicht änderbaren Belastungen gesteckt werden. Das bewusste Erleben des Hier und Jetzt dient hingegen als Ressource. Folglich geht es beim MBSR-Programm darum, die Selbstregulationsfähigkeit und die Selbstverantwortlichkeit der Teilnehmenden zu fördern.“ (Meibert) Es wird von Trainerinnen bzw. Trainern vermittelt und sowohl in pädagogischen wie sozialen Institutionen gelehrt. Das MBSR-Programm wurde als eine Kombination von Achtsamkeitsübungen mit Erfahrungsaustausch und psychoedukativen Einheiten in einem Gruppensetting konzipiert. „Entworfen als Kurzzeitintervention besteht es aus acht wöchentlichen Sitzungen von jeweils zweiein-halbstündiger Dauer und einem Tag der Achtsamkeit.“ (Zenner) Das Programm beinhaltet ein intensives Training in Achtsamkeitsmeditation. Teilnehmende lernen verschiedene achtsamkeitsbasierte Techniken, die sie während des Kurses täglich praktizieren müssen. Vermittelte Meditationstechniken beinhalten z.B. Sitzmeditation, 'Body-Scan' und Hatha Yoga. Diese Elemente werden in jeder Woche, während 6 Tagen, mindestens 45 Minuten lang geübt. Die vermittelten informellen Techniken umfassen z.B. achtsames Essen sowie Achtsamkeit bei Routinetätigkeiten.

Verschiedene Studien belegen Auswirkungen des MBSR-Programms: Bei Beschäftigten in sozialen bzw. pädagogischen Berufen wurden nach dem Kurs eine Steigerung der emotionalen Stabilität, der Empathie (Mitgefühl) und eine Reduktion von Symptomen einer Stressbelastung u.a. durch mehr Entspannt-sein, verminderte Angst und eine höhere Lebenszufriedenheit, d.h. ein gesteigertes Wohlbefinden ermittelt. Ebenso stellte sich heraus, dass das Praktizieren von Achtsamkeit ein Schlüsselfaktor für eine Burnout-Prävention ist. Harrer sagt, „dass Achtsamkeit in mehrfacher Hinsicht das Gegenteil von Burnout ist. Er nennt das Kultivieren von innerer Ruhe und Gleichmut als Gegenpol zu Erschöpfung, das Entwickeln innerer Klarheit konträr zu verzerrter Realitätswahrnehmung, eine offene wohlwollende Grundhaltung im Gegensatz zu Zynismus und Isolation und das bewusste Wahrnehmen und Akzeptieren von Bedürfnissen als wesentliche Elemente.“ (siehe Harrer) Mit bzw. während des MBSR-Programms werden diese Elemente aufgebaut. Nach Graham ist die Fähigkeit zu achtsamem Umgang mit sich selbst und anderen ein wesentliches Element zum Entwickeln von Resilienz.

Beim Üben und Praktizieren von Achtsamkeit, so auch im MBSR-Programm, geht es darum, dem eigenen Leben in all seinen Facetten mit Präsenz zu begegnen und Achtsamkeit Stück für Stück zu einem „state“ – einem Wesenszug oder Persönlichkeitsmerkmal – werden zu lassen und so in zwischenmenschliche Beziehungen und alle Lebensbereiche einzubringen (vgl. Kabat-Zinn).

5.4.1 Body-Scan

Der Body-Scan hat seine Wurzeln in der sehr alten buddhistischen Vipasana-Tradition. Er ist ein Geistes-Training, eine Meditationsweise in Form einer ′Körperreise′, bei der die Aufmerksamkeit auf Teile des Körpers gerichtet ist. Wie bereits ausgeführt, sind Geist und Körper eng aufeinander bezogen. Jede reale Situation ebenso wie eine im Geist vorgestellte Situation erzeugt im Körper eine ′Spur′ bzw. eine Emotion. Der Body-Scan erfordert die volle Aufmerksamkeit und sollte daher am besten in ausgeruhtem Zustand durchgeführt werden. Durch ein freundliches, aufmerksames, geduldiges und von Bewerten freies Wahrnehmen der im Körper ablaufenden Prozesse kommen Meditierende den je eigenen unbewussten inneren Mustern näher. So wird es möglich über Körperempfindungen zu tieferen Einsichten über sich selbst zu gelangen (siehe Extentionsgedächtnis).
Ein Body-Scan wird i.d.R. von einer Trainerin / einem Trainer geführt. Dabei wird meist mit dem Ausrichten der Aufmerksamkeit auf die Füße begonnen, um danach sich bis zum Kopf ′hochzuarbeiten′. Ein Body-Scan beginnt mit der Achtsamkeit aufs Liegen, dass der Körper entspannt auf einer Unterlage liegt. Die Augen sollten geschlossen werden.
Als nächstes wird die Aufmerksamkeit auf das Atmen, das Heben und Senken des Bauches gelenkt: Der Bewegung des Bauches wird nachgespürt.
Nun richtet sich die Aufmerksamkeit auf die Füße: Wie fühlen sie sich an? Sind sie unruhig oder entspannt, warm oder kalt, feucht oder trocken? Wie fühlen sich die Strümpfe, die Schuhe an? Die meditierende Person wird aufgefordert, sich Zeit zu lassen, ganz ruhig zu werden und so gut wie möglich nur auf sich zu achten.
Nun rücken die Unterschenkel in den Fokus der Aufmerksamkeit. Wie fühlen sich die Unterschenkel an, wie die Waden auf der Unterlage? Sind sie warm oder kalt, schwer oder leicht? Falls schwierige Gefühle aufkommen, registriere sie ruhig, freundlich und lass sie wieder gehen.
Als nächstes richtet sich die Aufmerksamkeit auf die Knie. Wie fühlen sie sich an?
Auf ähnliche Weise arbeitet sich der/die Meditierende langsam über die Oberschenkel, den Bauch, die Brust, den Rücken, die Oberarme, die Unterarme und Hände hinauf zum Nacken und bis zum Kopf.
Den Abschluss bildet das Zuwenden der Aufmerksamkeit auf den gesamten Körper.

Wer eine genaue Anleitung z.B. für Kinder sucht, die jedoch auch für Erwachsene umgeschrieben werden kann, findet sie als pdf-Datei unter der Adresse von Doris Kirch (Deutsches Fachzentrum für Achtsamkeit DFME): https://www.fachausbildung-stressbewaeltigung-achtsamkeit.de/wp-content/uploads/Body-Scan-fuer-Kinder.pdf. (aufgerufen 08.2018)

5.4.2 Sitzmeditation

Eine Sitzmeditation wird i.d.R. von einer Trainerin / einem Trainer angeleitet bzw. von einer Person auf CD vorgesprochen. Die Sitzmeditation stellt die Kernübung des Programms dar.

Nhat Hanh regt an, eine Sitzmeditation z.B. mit einer bildlichen Vorstellung vom Kieselstein zu beginnen: „Wie kann uns das Bild von einem Kieselstein helfen? Setzen Sie sich in der Haltung hin, die Ihnen am angenehmsten ist, also im halben oder ganzen Lotussitz, mit gerade aufgerichtetem Rücken und einem Halblächeln im Gesicht. Atmen Sie langsam und tief, folgen Sie jedem Atemzug, werden Sie eins mit dem Atem. Dann lassen Sie alles los. Stellen Sie sich vor, Sie wären ein Kieselstein, der in einen Fluss geworfen wird. Ohne eigene Anstrengung sinkt der Kiesel im Wasser zu Boden. Losgelöst von allem, fällt er auf kürzestem Weg nach unten und landet schließlich auf dem Grund, dem Punkt vollkommener Ruhe. Sie sind wie dieser Kieselstein, der in den Fluss fällt und alles loslässt. Die Mitte Ihres Wesens ist der Atem. Es ist unwichtig für Sie, genau zu wissen, wie lange es dauert, bis Sie den Punkt vollkommener Ruhe erreicht haben dort unten im Wasser, im feinen Sand des Flussbettes. Fühlen Sie sich wie dieser Kiesel, der das Flussbett erreicht hat? Dann sind Sie an dem Punkt angelangt, an dem Sie beginnen Ruhe zu finden. Nichts drängt und treibt Sie mehr. Wer in einem solchen Augenblick des Sitzens keinen Frieden und keine Freude findet, an dem wird letztendlich auch die Zukunft vorbeiziehen, unaufhaltsam; denn es fehlt uns die Fähigkeit, unsere Zukunft zu leben, wenn sie zur Gegenwart geworden ist.“ Wem kein Lotussitz möglich ist, kann auch auf z.B. einem höheren Sitzkissen oder Hocker Platz nehmen. Wichtig ist, dass beide Füße fest auf dem Boden stehen. Unter ′Halblächeln′ wird ein leichtes Lächeln verstanden. Die Augen sollten, so möglich, geschlossen sein. Ansonsten sollte ein unfokussierter, weicher Blick auf einen etwa einen Meter entfernten Punkt erfolgen. Die Hände liegen locker im Schoss bzw. auf den Oberschenkeln. Wer erst mit dem Meditieren beginnt sollte längstens 10-20 Minuten sitzen. Bei zunehmender Übung läßt sich die Sitzmeditation auch länger praktizieren. Die Sitzmeditation besteht im Kern aus einem Betrachten des Atmens, wie dieser ein und aus strömt, wobei z. B. der Luftzug durch den ein- und ausströmenden Atem an der Nase oder die Atembewegungen der Bauchdecke beobachtet werden. Es wird geübt, ganz im „gegenwärtigen Moment da zu sein, und zu merken wann dies nicht der Fall ist. Bei abschweifenden Gedanken wird die Aufmerksamkeit wieder auf das Hier und Jetzt, die klare Präsenz im Moment, geführt (nach Lehrhaupt). Um einen guten Ausgangspunkt für das Üben von Achtsamkeit zu bieten, aber auch, um die Praxiserfahrungen zu vertiefen, werden sieben Faktoren eingeführt und mit der Gruppe besprochen: Nicht-Beurteilen, Geduld, Anfängergeist, Vertrauen, Nicht-Greifen, Akzeptanz und Loslassen. In den psychoedukativen Bausteinen werden Erkenntnisse aus der psychologischen Stressforschung vermittelt, wie beispielsweise die Stressreaktion auf körperlicher, emotionaler und verhaltensmäßiger Ebene oder die Gesundheitsgefahren von Stress. Einen weiteren wichtigen Faktor des Programms stellt die Gruppe dar, in der gemeinsam gelernt und praktiziert wird und in der die Erfahrungen während des Übens ausgetauscht werden (Meibert). Wenn bei der Atembetrachtung eine beständige Konzentration entwickelt worden ist, kann die Aufmerksamkeit auf andere Erfahrungen, wie Geräusche oder Körperempfindungen ausgedehnt werden. Ganz wichtig ist, genügend Zeit einzuplanen und dies in einem so weit als möglich störungsfreien Raum.

Für eine Sitzmeditation finden sich gesprochene Anleitungen im mp3-Format an unterschiedliche zeitliche Rahmen angepasst unter der Adresse: http://www.linda-lehrhaupt.com/begleitete-meditationen/sitzmeditation.

5.5 Atmen - Gehirn und Körper stärken

Sowohl bei den verschiedenen Arten von Meditationen, beim mentalen Training und beim Yoga, so auch beim Hatha Yoga, kommt dem Atmen sowohl für die körperliche wie die geistige Verfassung eine besondere Bedeutung zu. Das Richten der Aufmerksamkeit und damit die Konzentration auf den Atemprozess als zentrales Lebens- und Energieelement jedes Menschen führt zu einem vertieften Körperempfinden und schult zugleich das willentliche Ausrichten der Aufmerksamkeit. Daher sollen im Folgenden verschiedene Arten des Atmens genauer vorgestellt werden. In der Anlage finden sich weitere, einfache Atemübungen. Wichtig ist, dass alle Atemübungen zumindest am Anfang des Übens ggf. individuell angepasst werden, sodass sich dabei ein Wohlbefinden einstellt. Bei fortgeschrittenem Üben lassen sich dann nach und nach die angegebenen Zeitzyklen und der Übungsumfang erreichen.

(A) Bauchatmung

Die am wenigsten anstrengende, weil eigentlich natürliche Atmung ist die Bauchatmung. Diese wird bei den meisten Sportarten verwendet. Auch bei Meditationen und bei Yogaübungen ist sie die empfohlene Atemweise.

Bauchatmung wirkt entspannend. Viele Meditationen und auch Yogaübungen entfalten ihre positive Wirkung erst zusammen mit der Bauchatmung. Die Bauchatmung wird durch die Bauchmuskulatur bewirkt, die sich beim Einatmen dehnt und beim Ausatmen zusammenzieht. Diese Atemweise gilt es, sofern noch nicht geschehen zu üben.
Zum Einüben des Atmens über den Bauch wird das Liegen auf dem Rücken auf ebenem Untergrund empfohlen. Die Hände liegen sanft auf dem Bauch in Höhe beidseitig des Bauchnabels, sodass sich z.B. die Mittelfinger nach dem Ausatmen berühren. Dieses Berühren der Mittelfinger kann als Atemkontrolle dienen.
Jedes Üben der Bauchatmung beginnt mit einem tiefen Ausatmen, d.h. die Bauchdecke zieht sich leicht ein. Danach erfolgt ein langsames Einatmen, wobei sich die Bauchdecke hebt und z.B. die Mittelfinger der aufliegenden Hände sich auseinander bewegen. Nach dem Einatmen wird der Atem kurz angehalten, um danach wieder auszuatmen.
Vor jeder Meditation bzw. den Asanas (Yogaübungen) sollte zum inneren Sammeln die Bauchatmung möglichst zehn Mal praktiziert werden, sodass die Lungen gut mit Luft gefüllt bzw. beim Ausatmen gut gelehrt werden. Dies bringt Körper und Geist in Balance.

(B) Rippenatmung
Die Rippenatmung erweitert das Atemvolumen der Bauchatmung. Beim Hatha Yoga ermöglicht die Rippenatmung ein verbessertes Vorbereiten auf Übungen, die das Becken bzw. solche, die den Bauch einschließen.

- Zu beachten ist, dass bei der Rippenatmung der Bauch weitestgehend flach bleibt. Um sich nur auf die Rippenbewegungen zu konzentrieren und dies auch kontrollieren zu können, werden die Hände fest an jede Bauchseite gedrückt, die Handballen oberhalb der unteren, kleinen Rippen, die Finger Richtung Bauch.
- Nun erfolgt ein möglichst kräftiges Einatmen ´in die Rippen´, die sich nach außen bewegen (Zählen von 21 bis 25 (fünf Sekunden)).
- Der Atem wird jetzt kurz angehalten (Zählen von 21 bis 23 (drei Sekunden)).
- Danach erfolgt ein langsames Ausatmen (Zählen von 21 bis 29 (neun Sekunden)).

Da jeder Mensch seinen individuellen Atemrhythmus hat, kann der oben vorgesehene Atemrhythmus bei der Rippenatmung zu lang sein. Er kann individuell angepasst werden, indem die Zeit des Einatmens und Ausatmens entsprechend verkürzt wird, z.B. beim Einatmen auf vier Sekunden und beim Ausatmen auf sechs Sekunden. Wichtig ist, dass sich Übende beim Atemrhythmus wohl fühlen.
Diese Atemübung sollte neun Mal wiederholt werden.

(C) Tiefenatmung

Diese Atmungsart dient ebenfalls dem Entspannen und dem Kräftigen von Bauch, Lunge und Zwerchfell. Sie kann Übungen zum Bauchatmen ergänzen. Diese Atemübung findet im Sitzen mit aufrechtem Rücken statt.

- Eine Hand wird unmittelbar unterhalb des Rippenbogens und oberhalb des Bauchs, die andere auf das Brustbein gelegt.
- Jetzt wird langsam und tief ′in den Bauch′ und ′in die Rippen′ drei Sekunden lang eingeatmet (Zählen von 21 bis 23).
- Anschließend erfolgt ein Einatmen in den Brustkorb (drei Sekunden). Die Hand, die auf dem Brustkorb aufliegt spürt dessen Heben.
- Dann wird der Atem drei Sekunden lang angehalten.
- Nun erfolgt ein tiefes Ausatmen; d.h. Brustkorb, Rippen und Bauchdecke ziehen sich ein.

Dieser Ablauf wird vier Mal wiederholt. Dabei wird der mittlere und untere Teil der Lunge mit frischer Luft durchströmt und verbrauchte, in der Lunge sonst vorhandene Restluft ausgeatmet.

(D) Obere Atmung oder ′Lungenatmung′

Diese Atemweise ergänzt die Tiefenatmung, indem sie auch frische Luft, d.h. Sauerstoff, in alle Lungenbereiche bringt. Während des Übens bleibt der Bauch weitgehend flach.

Diese Atemübung findet auf dem Rücken liegend statt. Die Hände liegen so, dass die Daumen die Schultern berühren und die Zeigefinger am Schlüsselbein liegen.

- Die Augen werden zu Beginn der Übung geschlossen. Die Aufmerksamkeit wird auf den oberen Brustbereich gerichtet. Es wird kräftig und tief ausgeatmet.
- Nun erfolgt ein langsames Einatmen in den oberen Brustkorb, Schultern und Schlüsselbein heben sich (Zählen von 21 bis 25 (fünf Sekunden)).
- Den Atem drei Sekunden anhalten (Zählen von 21 bis 23).
- Dann wird langsam ausgeatmet (Zählen von 21 bis 29 (neun Sekunden)). Schlüsselbein und Schultern senken sich.

Diese Atemübung sollte höchstens 10 Mal wiederholt werden.

Wie bei der Rippenatmung lässt sich der Atemrhythmus durch verminderte Ein- und Ausatemzeiten individuell anpassen.

(E) Vollständige Atmung

Diese Atemweise ist eine Kombination von Bauchatmung, Rippenatmung, Tiefenatmung und oberer Atmung. Sie will insbesondere das Atemvolumen steigern. Die Lungen werden von unten aufsteigend mit frischem Sauerstoff durchströmt. Die Übung findet auf dem Rücken liegend statt und beginnt mit der Bauchatmung aufsteigend bis zur oberen Atmung. Die Übung schließt mit einem tiefen Einatmen in den Bauch und ebenso tiefem Ausatmen mit

Einziehen der Bauchdecke. Der Atemrhythmus kann wieder individuell passend verändert werden.

(F) Reinigungsatmung
Bevor diese Atemweise angewendet wird, sollte die Bauchatmung ausführlich geübt sein. Die Atemtechnik der Reinigungsatmung dient dem ´Frischbelüften´ der ganzen Lungenflügel. Diese Atemübung wird liegend auf dem Rücken ausgestreckt bei lockerer Bein- und Fußhaltung ausgeführt.
- Die Augen sind mit Beginn der Atemübung geschlossen, der Körper entspannt sich. Die Hände liegen flach auf dem Bauch.
- Nun wird langsam und tief durch die Nase ´in den Bauch´ eingeatmet; die Bauchdecke hebt sich. Der Brustraum bleibt ruhig, bewegungslos.
- Dann erfolgt das Auspressen der Luft mittels eines kurzen, starken Atemstoßes, indem sich die Bauchmuskulatur zusammenzieht.

Dieser Ablauf wird fünf Mal wiederholt.

(G) Bauchschnellende Atmung
Im Yoga wird diese Atemweise auch als ´Feueratmung´ oder Zwerchfellatmung bezeichnet. Gestärkt werden Zwechfell und Atemhilfsmuskulatur. Das Üben dieser Atmung wird bei bequemer Sitzhaltung mit aufgerichtetem, geradem Oberkörper und aufrechter Kopfhaltung durchgeführt. Es ist ein stoßartiges, kurzes Ausatmen und *passives* Einströmen des Atems durch die Nase. Das passive Einströmen ist wichtig, damit keine Hyperventilation eintritt. Diese Atemübung besteht aus drei Durchgängen, wovon jeder eine dynamische und eine Haltephase hat.

Erster Durchgang: Atmen Sie vollständig ein, atmen Sie vollständig aus. Atmen Sie nun bequem ein (maximal 75 %). Ziehen Sie die Bauchdecke leicht ein und beginnen Sie mit dem stoßweisen Ausatmen über die Nase. Die Bauchdecke schnellt dabei nach innen, gleichzeitig strömt der Atem kräftig durch die Nase aus. Danach wird die Bauchdecke frei gegeben und der Atem strömt passiv über die Nase ein. Diese dynamische Phase dauert 30 Atemstöße. Nach dem letzten Atemstoß atmen Sie vollständig aus. Atmen Sie für die Zwischenatmung vollständig ein, atmen Sie vollständig aus. Atmen Sie nun bequem ein (maximal 75 %) und halten Sie nun den Atem bequem zwischen 20 und 40 Sekunden an. Sie atmen dann aus und beginnen mit Durchgang zwei. Die dynamische Phase dauert jetzt 40 bzw. im dritten Durchgang 50 Atemstöße. Mit zunehmender Atemkompetenz kann die Wiederholungszahl auf bis zu 40, 60, 80 oder 60, 80, 100 erhöht werden. Die Atemanhaltephasen verlängern sich entsprechend.

Das Ziel ist ein Reinigen der Atemwege und der Lungen von Ablagerungen bis zu den Lungenbläschen. Diese Atemweise steigert den Sauerstoffgehalt im Blut, was auch ein Frischegefühl, ein Gefühl des Regenerient- oder Wachseins (´klarer Kopf´) erzeugt. Das Blut wird wieder basisch (alkalisch), was Stoffwechselvorgänge verbessert. Die Schnellatmung kann nach der Literatur Erkältungen vorbeugen. Auch lassen sich damit mentale und emotionale Spannungen vermindern / bewältigen. Sollte ein Schwindelgefühl auftreten, ist diese Atemübung zu unterbrechen und beim nächsten Mal sollte die Wiederholungszahl vermindert werden.

Wechselseitige Nasenatmung
Diese Atemweise wird besonders beim Hatha Yoga angewandt und dient der inneren Stärkung und Beruhigung. Das Üben der wechselseitigen Nasenatmung wird bei bequemer Sitzhaltung mit aufgerichtetem, geradem Oberkörper und aufrechter Kopfhaltung durchgeführt.

- Die linke Hand liegt so auf dem Oberschenkel, dass die Handfläche noch oben zeigt und sich Daumen und Zeigefinger berühren.
- Der Zeige- und Mittelfinger der rechten Hand werden eingebeugt, sodass sie den Daumenballen berühren.
- Die Hand wird von unten so vor den Mund geführt, dass der Daumen und der Ringfinger die Nasenflügel berühren können.
- Zuerst wird ausgeatmet, dann mit dem Daumen der rechte Nasenflügel verschlossen und über den linken Nasenflügel vier Sekunden eingeatmet (zählen in Gedanken von 21 bis 24).
- Jetzt wird mit dem Ringfinger der rechten Hand ebenfalls das linke Nasenloch geschlossen und bei geschlossenem Mund der Atem vier Sekunden angehalten.
- Danach löst sich der Daumen der rechten Hand vom rechten Nasenloch und es wird langsam auf vier Sekunden vollständig ausgeatmet.
- Danach wird wieder über rechts vier Sekunden eingeatmet. Dann verschließt der rechte Daumen das rechte Nasenloch: Vier Sekunden anhalten.
- Der Ringfinger der rechten Hand löst sich vom linken Nasenloch. Über das freie linke Nasenloch wird tief ausgeatmet (vier Sekunden lang).

Dieser Atemzyklus sollte sechs bis 12 Mal auf diese Weise wiederholt werden.

Das wechselseitige Atmen durch die Nase erleichtert das Erreichen einer inneren Ruhe; denn es wirkt entspannend auf den Körper und beruhigend das Nervensystem. Es wirkt ausgleichend auf die rechte und linke Gehirnhälfte, fördert die Konzentration und verhilft zu einem klaren Kopf.
(nach Quellen: http://www.paradisi.de/Wellness/Entspannung/Yoga/Artikel/18845.php#Die_obere_Atmung http://www.yoga-vidya.de/de/asana/kapalabhati.html)

5.6 Achtsamkeit stärkende, Geist- und körperbasierte Ansätze

Bei diesen Ansätzen und den daraus folgenden Übungen bzw. Trainingseinheiten richtet sich die Aufmerksamkeit auf jeweilig angesprochene Körperteile bzw. deren Muskeln. Wie bereits oben mehrfach angesprochen, bewirkt die enge Bezogenheit von Gehirn und Körper aufeinander, dass auch achtsame körperliche Aktivitäten ihren Widerhall im Gehirn finden.

5.6.1 Entspannungsübungen nach Jacobsen

Die Progressive Muskelentspannung nach Jacobson ist ein aktiv-muskuläres Verfahren. Es basiert darauf, „dass sich jede psychische Erregung und Anspannung in einer Zunahme des Muskeltonus manifestiert. Über eine systematische Kontrolle des Tonus einzelner Muskelgruppen soll mit Hilfe dieser Methode eine progressive Entwicklung eines Entspannungszustandes erreicht werden." (Rudow)

„Bei allen Entspannungstechniken [...] vollzieht sich eine Umschaltung der Körperfunktionen von hoher Aktivität auf Entspannung. [...] Der Aktivitätszustand wird in einen Regenerationszustand überführt. [...] Damit verbunden ist eine herabgesetzte Wachheit, eine Tonusreduzierung der Skelettmuskulatur, eine periphere Gefäßerweiterung, eine Abnahme der Atem- und Pulsfrequenz, eine Veränderung der Hirnstromaktivität und eine Dämpfung der Affekte" (Deutschmann). Durch die Erschlaffung der Stützmuskulatur gelangen nur noch wenige afferente (aufsteigende) Signale zum Gehirn. Das führt zu einer Reduktion der von dort ausgehenden efferenten (zu den Organen herabsteigenden) Signale, die eine weitere Reduktion der Spannung in der Bein-, Arm- und Rumpfmuskulatur bewirken. Durch die Reduktion äußerer Reize wird so ein Kreislauf in Gang gesetzt, der positiv rückgekoppelt ist und dämpfende körperinterne Einflüsse verstärkt (siehe Petermann).

Der über die Alpha-Wellen nachweisbare „entspannte Wachzustand erhöht die selektive Aufmerksamkeit .. [und] ... die Wahrnehmungsschwelle für Außenreize wie Lärm, Licht oder Berührung. Das heißt, dass externe Stimuli kaum mehr wahrgenommen werden, somit können externe Reize auch kaum mehr Reaktionen auslösen. ... Die geistige Frische und das Empfinden des Ausgeruhtseins nach einer erfolgreich durchgeführten Entspannung begünstigen wiederum die Konzentrationsfähigkeit sowie Informationsverarbeitungs- und Gedächtnisprozesse. ... Da auch emotionale Reaktionen vermindert werden und sich kaum mehr provozieren lassen, hat dies ebenfalls Auswirkungen auf das Verhalten einer entspannten Person. Erregungsabbau und ausgeglichenes Verhalten werden dadurch nämlich begünstigt." (Petermann)

Um über die Entspannung der Muskulatur aktiv und unmittelbar in den schädlichen Prozess der Daueraktivierung des Organismus einzugreifen, hat sich die Methode der „Progressiven Muskelentspannung" nach Jacobson bewährt. „Hierbei handelt es sich um ein einfaches und leicht erlernbares Verfahren, die Muskeln schnell und effektiv zu entspannen." (Patienten-Merkblatt „Entspannung" der Psychosomatischen Fachklinik Bad Pyrmont) Die Progressive Muskelentspannung dient der Selbstregulation.

5.6.1.1 Verfahren der Progressiven Muskelentspannung

Bei den verschiedenen Übungen zur Progressiven Muskelentspannung handelt es sich jeweils um eine Reihe gleicher Grundzyklen, bestehend aus einer Anspannungs- oder Kontraktionsphase und einer Entspannungsphase. Dabei lassen sich bei jeder Übung verschiedene Parameter verändern, was zu einer enorm großen Vielfalt der Übungsintensität und damit einer guten individuellen Anpassungsmöglichkeit der Progressiven Muskelrelaxation führt: Zum Beispiel lassen sich die Parameter, wie das zeitliche Verhältnis von Anspannungs- und Entspannungsphase, die Intensität der Anspannung - zum Beispiel bandförmig oder spindelförmig - wie auch die Anpassung der Zyklen an einen individuellen bzw. bestimmten Atemrhythmus verändern. So können die Übungen sowohl im Liegen, im Sitzen, im Stehen, als auch mit geschlossenen oder offenen Augen durchgeführt werden.
In der Regel besteht der Beginn einer Übungsserie aus 14 bis 20 Einzelübungen, die etwa zusammen 15 Minuten dauern. Zeigen sich erste stressreduzierende Effekte, kann die Übungszeit auch verkürzt werden. Wichtig ist, dass versucht wird, sich ganz bewusst auf die Anspannung zu konzentrieren, sie nach 5 bis 7 Sekunden wieder loszulassen und dann die darauf folgende erholsame Entspannungssituation (ca. 10 - 20 Sek.) wiederum ganz bewusst z.B. nach dem Signalwort: „Ganz locker!", zu empfinden.
Das Üben in Progressiver Muskelentspannung erfolgt meist mittels Übungsanweisungen. Diese können von einer Trainerin / einem Trainer kommen, diese können jedoch auch durch eine Stimme von einer CD ersetzt werden. Solche Anleitungen können meist bei Krankenkassen als mp3 heruntergeladen werden. Hier eine Adresse (gefunden 08.2018):
https://www.tk.de/techniker/gesund-leben/life-balance/aktiv-entspannen/progressive-muskelentspannung-zum-download-2021142.

Die Übungen finden meist bei geschlossenen Augen statt, weil so eher eine erhöhte Konzentration möglich ist. Vor den Übungen sollte mehrfach tief durchgeatmet werden (Konzentration auf den Atem).
Die am meisten angewandte Methode umfasst 16 Körperbereiche:

» dominante **Hand** und Unterarm;
» dominanter **Oberarm**;
» nicht-dominante Hand und **Unterarm**;
» nicht-dominanter Oberarm;
» **Stirn**;
» obere **Wangenpartie** und **Nase**;

» untere Wangenpartie und **Kiefer**;
» **Nacken** und Hals;
» **Brust**, **Schultern** und obere **Rückenpartie**;
» **Bauchmuskulatur**;
» dominanter **Oberschenkel**;
» dominanter Unterschenkel;
» dominanter **Fuß;**
» nicht-dominanter Oberschenkel;
» nicht-dominanter **Unterschenkel**;
» nicht-dominanter Fuß.

Jedes der Körperteile bzw. deren Muskeln wird nach Anweisung langsam angespannt; dann die Spannung gehalten; danach wieder entspannt und dieser Entspannung wird nachgefühlt. Nach kurzer Pause kommt das nächste Körperteil in gleicher Weise dran. In diesem Rhythmus werden alle Körperteile, die in dieser ´Sitzung´ behandelt werden sollen durchgegangen. Vor Ende der Sitzung überprüft jede Person noch einmal, ob alle behandelten Körperteile locker und entspannt sind. Trifft dies auf ein Körperteil nicht zu, wird für dieses nochmals das Prozedere durchgeführt. Sind jetzt alle Körperteile bzw. deren Muskeln entspannt, so wird diesem Entspannungszustand noch einige Zeit nachgespürt, um anschließend die Augen wieder zu öffnen und sich zu strecken.

5.6.1.2 Wirkungen der Progressiven Muskelentspannung

Seit 1908 entwickelte Edmund Jacobson die Progressive Muskelrelaxation (PMR). Nach seinen Beobachtungen besteht ein Zusammenhang zwischen der angespannten Muskulatur und der Psyche. So ist bei einer stressbelasteten oder ängstlichen Person in den meisten Fällen auch der Muskeltonus erhöht. Eine Lockerung der Muskulatur geht somit nach Jacobson in der Regel mit einem Ruhegefühl einher. Diese Wechselwirkung kann durch das bewusste Anspannen und Entspannen einzelner Muskelgruppen vom Kopf bis zum Fuß aufgelöst werden. Ziel ist es ein intensives Körperbewusstsein zu entwickeln, das hilft, Entspannung schneller und vor allem effektiver wahrzunehmen. Der Fokus liegt dabei auf dem Erspüren von Anspannung und Entspannung der Muskeln (Sammer). „Die Anspannung von Muskulatur und Psyche soll dadurch gelöst werden, dass neurale Signale der Muskeln über die Formatio reticularis in den Hyppothalamus weiter geleitet werden. Dadurch werde der sympathische Tonus im Hypothalamus reduziert und der vagale Tonus dominant. Infolge dessen werden die Herzfrequenz und der Blutdruck sowie die Atemfrequenz gesenkt, der Proband fühlt sich entspannt.“ (Krüger) Das Verfahren der Progressiven Muskelentspannung gibt es in zwei Formen, einer

Kurz- und einer Langform. Die Kurzform dauert ca. 15 Minuten, die Langform ca. 30 Minuten. Bei der Langform werden insgesamt 16 Muskelgruppen angespannt und entspannt (Löhmer & Standhardt 2010, Ohm 2011).

In Studien konnte nachgewiesen werden, dass eine regelmäßig über eine bestimmte Zeit durchgeführte PMR signifikant den Blutdruck und die Herzfrequenz senkt sowie ein gesteigertes Wohlbefinden erzeugt (in Krüger).

Aus medizinischer Sicht sind weitere Indikationen für die positive Wirkung der PMR gegeben: Bei funktionellen Herz-Kreislauf-Erkrankungen wie z. B. Hypertonie, sowie Spannungskopfschmerzen, Schlafstörungen, Angst- und Zwangsstörungen, Depressionen, Störungen des Cortisol-Spiegels und der Immunglobuline A im Endokrin- und Immunsystem und Muskelverspannungen. Positive Wirkungen bestehen eventuell auch bei Asthma-bronchiale, Essstörungen, Fibromyalgie-Syndrom, Tinnitus und Epilepsie (siehe von Seckendorff).

5.6.2 Yoga

Das Wort ′Yoga′ geht auf das Sanskrit Wort ′Yuj′ zurück, was wörtlich soviel bedeutet wie ′verbinden′ bzw. ′Einheit′. Dies bezieht sich auf die permanente Verbindung von Geist und Körper und in diesem Zusammenhang auf eine Balance zwischen Geist, Emotionen und Körper. Dies drückte der bekannteste Yogameister Swami Sivananda Saraswati so aus: „Yoga ... is integration and harmony between thought, word and deed, or integration between head, heart and hand.“ In der indischen Tradition haben sich verschiedene Yogaformen entwickelt, z.B. Raja Yoga, Hatha Yoga, Jnana Yoga, Karma Yoga, Bhakti Yoga, Kundalini Yoga und Iyengar Yoga usw. (Satyananda Saraswati). Allen gemeinsam ist, dass sie aus den Veden stammen. Die Veden sind in der indischen Kultur die ältesten Schriftzeugnisse und Bausteine des Hinduismus. Da es für Yoga verschiedenste Beschreibungen gibt, hat der indische Philosoph T.K.V. Desikacher die alle verbindenden Aussagen zuammengestellt:

1. „Zusammenbringen: Körper und Geist vereinigen .
2. Den Geist bündeln: Wenn man den Geist und Körper zusammen gebracht hat, ist der Geist automatisch auf einen Fokus gebündelt.
3. Erreichen, was bisher unerreichbar war: Jede Art von Veränderung im Leben, von körperlichen Veränderungen z.B. Flexibilität, Gesundheit bis hin zu einer geistigen Entwicklung.
4. Aufmerksamkeit im Handeln: Beim Tun immer bewusst und gegenwärtig zu sein. „So handeln, dass alle unsere Aufmerksamkeit auf diese Handlung gerichtet ist“.
5. Eins sein mit dem Göttlichen: Dies ist die traditionell bedeutsamste Definition von Yoga. Yoga führt zum Göttlichen, unabhängig von Religion und Glaube.“ (Desikachar)

„Yoga ist eher ein Mittel um zu wachsen, ein Mittel, um uns an unsere Art, das Leben zu bewältigen, anpassen zu können. Die Betonung liegt im Yoga auf Tun und Üben und nicht auf Glauben." (Desikachar)
Vor etwa 1500 Jahren beschrieb Patanjali in de Yoga Sutras acht Stufen von Yoga. Diese Yoga Sutras sind auch heute noch Grundlage aller anderen Yogaformen. Häufig werden sie die acht Glieder des Yoga genannt (McCall). Im Folgen werden die acht Yogastufen kurz beschrieben:

1. Yama: Yama beschreibt allgemeine Regeln, die aus fünf Elementen bestehen: Ahimsa (Gewaltlosigkeit), Satya (Wahrhaftigkeit), Asteya (Nichtstehlen), Brahmacharya (Enthaltsamkeit), Aparigraha (Nichthorten).

2. Niyama: Es sind die Ordnungen, die auch aus fünf Elementen bestehen: Sauca (Reinheit), Santosha (Zufriedenheit), Tapas (Disziplin), Svadhyaya (Selbststudium), Ishvara Pranidhana (Hinwendung zum Herrn) (McCall).
3. Asana: Die Asanas sind die Körperhaltungen, die man einnehmen soll, um zwischen Körper und Geist ein Gleichgewicht herbei zu schaffen. Durch regelmäßige Übung schaffen Körper und Geist Vollkommenheit, Stabilität und Vitalität (Sharma und Shah).
4. Pranayama: Pranamya ist eine Art Atemtechnik, die in verschiedener Weise geübt wird (McCall).
5. Pratyahara: Pratyahara meint das Zurückziehen der Sinne. Unsere Sinnesorgane (Augen, Ohren etc.) nehmen das Externe nach innen auf. Bei der Pratyahara sind die externen Reize auszuschalten und der Geist nach innen zu richten, sowie beispielsweise bei Bhamari (eine Art Pranayama), bei der man sich zurückzieht, indem man sich auf einen Brummton konzentriert (McCall).
6. Dharana: Dharana heißt Konzentration. Dabei fokussiert man sich auf eine bestimmte Sache, z.B. ein Mantra, den Atem oder eine Kerzenflamme und richtet sich damit neu aus. Dadurch kommt unser Geist zur Ruhe und man kann sich für die Meditation vorbereiten (Desikachar).
7. Dhyana: Dhyana bedeutet Meditation. Es ist ein Zustand, den man durch Dahrana (Konzentration und Aufmerksamkeit) erreichen soll (McCall).
8. Samadhi: ist das höchste zu erreichende Ziel, in dem unser Geist versinkt und einen Zustand kreiert, wo alles eins wird (Desikachar).

McCall benennt Yoga in säkularisierter (religionsfreier) Form als eine systematische Technik, um seinen Körper und Geist zu verstehen.

5.6.2.1 Hatha Yoga

Im Folgenden soll die Yogaform, das schon oben genannte **Hatha Yoga** als das im Westen (Europa und Amerika) meistens praktizierte Yoga genauer betrachtet werden.

Auch der Name Hatha Yoga entstammt dem Sanskrit. Es besteht aus den beiden Silben ′Ha′ und ′Tha′. Dabei steht ′Ha′ für die heiße Sonnenenergie und ′Tha′ für die kühle Mondenergie. In den Übungen des Hatha Yoga sollen beide Energien zu einer Einheit zusammen gebracht werden zum ′Hatha′. Im Yoga Sutra von Patanjali hat dieser erstmals einen klassischen Text, den Yoga Sutra verfasst und Hatha Yoga genau beschrieben (Desikachar).

Hatha Yoga ist die Grundlage aller heutigen Yogaarten und wird gleichzeitig in der traditionellen westlichen Medizin mehr und mehr anerkannt und aufgenommen (Bower; Mustian). Mit Hatha Yoga sollen ein Bewusstsein für den Körper entwickelt und die Organe gekräftigt werden. Hierin unterscheidet

sich Hatha Yoga von anderen Yogaarten. Im Zentrum der Hatha Yoga-Übungen stehen das bewusste Wahrnehmen von Körpersignalen und das genaue Achten auf die eigene Atmung.
Die ´Mind-Body Medizin´ in den USA (1990-Jahre) hat wichtige Yoga-Elemente aufgenommen und in ihre Behandlungsweise integriert. In den praktizierten Achtsamkeitsübungen wird eine Kombination aus Asanas mit meditativen Elementen verwendet, die sich zum großen Teil aus dem Hatha Yoga herleiten (siehe Kabat-Zinn). "Sowohl Hatha Yoga als auch Achtsamkeitsmeditation konzentrieren sich darauf, Energie auf eine beschränkte Anzahl von Handlungen zu lenken. Wie zum Beispiel auf das Atmen oder das Halten von Körperstellungen. Außerdem hilft es unserem Gehirn, das Weiterverarbeiten von unwichtigen Informationen zu reduzieren", sagt Peter Hall, Studienleiter und Professor an der Universität von Waterloo. "Ein weiterer positiver Effekt könnte sich auch im Alltag zeigen: Menschen die täglich Yoga machen, können sich bewusster auf die Dinge konzentrieren, die sie täglich wahrnehmen." Die Forscher entdeckten zudem, dass Achtsamkeitsmeditation und Hatha Yoga den Energiehaushalt verbessern. Hatha Yoga alleine hatte aber signifikant stärkere Effekte als nur Achtsamkeitsmeditation. "Es gibt viele Theorien darüber, wieso körperliche Übungen wie Yoga unseren Energiehaushalt und unsere Wahrnehmung steigern", sagt Kimberly Luu, Autorin der Studie. "Diese beinhalten die Freisetzung von Endorphinen, eine erhöhte Durchblutung des Gehirns und einen reduzierten Fokus auf negative Gedanken." (aus: kurier.at ; 08.09.2017)

Hinsichtlich der **Körperwahrnehmung** erweitern die durch das Trainieren von Asanas erworbenen Fertigkeiten nach Jahn deren Spielraum: „Der Lernprozess ist durch die Dehn- und Kontraktionsreize mit nachhaltiger Wirkung auf das Nervensystem charakterisiert. Daraus resultiert ein positiver Rückkopplungsmechanismus von willensgesteuertem Antrieb. Das regelmäßige Strecken und Dehnen von Muskeln, Sehnen und Bändern entwickelt über entsprechende Nervenimpulse nach und nach automatische Bewegungsmuster, die dann mehr Raum für die Bewusstmachung und Verinnerlichung von Körperempfindungen schaffen.“ (Jahn) Nach Ebert wird das Körperempfinden (Somatosensibilität) durch das Üben von Asanas genauer und intensiver. Gründe dafür liegen in der intensiven, extremen Beanspruchung von Propriozeptoren in Muskeln, Gelenken, Sehnen und Mechanorezeptoren in der Haut beim Training der Asanas. Die Extremauslenkung der Gelenke bedeutet eine besonders starke Reizung von Rezeptoren, die sonst nur selten angesprochen werden. Ebenfalls werden auch Rezeptoren der inneren Organe beansprucht, die normalerweise nur in Extremfällen Rückmeldungen geben. Starke Rumpfbiegungen und daraus folgenden Druckänderungen in den Körperhöhlen beim Üben der Asanas üben auf die Bänder, Kapseln und Hüllen der Eingeweide starke Reize aus. Dies erregt verschiedenste viszerale Rezeptoren. Durch regelmäßiges Üben entwickelt sich dadurch parallel eine kortikale Repräsentation, wodurch der/die Hatha Yoga Geübte ein erweitertes Spektrum der Wahrnehmung des eigenen Körpers erreicht, welches eine Sensibilität des Organempfindens und Erfahrens des Körperinneren mit einschließt (Ebert). Nach Jahn ist diese Sensibilisierung der Körperwahrnehmung durch Hatha Yoga eine Möglichkeit, die einseitige Sinnesdominanz von Auge und Ohr auszugleichen. Das Hatha Yoga trainiert außerdem die Wahrnehmung unbewusster funktioneller Angewohnheiten, so dass ein Prozess von Erkennen, Erspüren und Korrigieren in Gang gesetzt werden kann. So können z. B. grundlegende Asymmetrien im Körper aufgespürt und nach und nach behoben werden. Trökes beschreibt als eine der Besonderheiten der Hatha Yogapraxis, dass durch sie das persönliche Niveau eines körperlichen „Normalstatus" unbeeinflusst von Werturteilen erlebt werden kann (siehe Georgi).

Hinsichtlich eines **Steigerns der Vitalität** durch eine regelmäßige Hatha Yogapraxis sagt Jahn, dass dies durch ein Tonisieren und Kräftigen des Körpers geschieht, wobei auch die geistigen Fähigkeiten sich verbessern. Er beschreibt die ablaufenden physiologischen Prozesse: „Die Auswirkungen auf den Gesamtorganismus manifestieren sich hauptsächlich in einer Wechselwirkung von lokalen Stoffwechselintensivierungen, allgemeinen Organ- und Drüsenaktivierungen sowie einer Optimierung der Kreislauf- und Atemfunktion mit verbesserter Adaptionsfähigkeit an wechselnde Belastungen." (Jahn) Sicher ließen sich solche Wirkungen auch durch sportliches Training erreichen, jedoch kommt beim Hatha Yoga noch die geistige Schulung hinzu und vor allem gibt es weder Leistungsvergleiche noch Wettkämpfe. Das Ausführen der Asanas ist von emotionalen und propriozeptiven Faktoren geprägt (langsames Einnehmen und möglichst anstrengungsloses Halten der Stellungen). Das Durchführen der Asanas bewirkt im Körper z.B. erhöhte Stabilität, verbesserte sensomotorische Regulationsmechanismen (Muskelökonomisieren, verfeindertes Körperwahrnehmen, verbessertes Koordinieren, besseres Gleichgewichthalten) aufgrund des yogatypischen speziellen Trainings des Vestibularapparats. Etliche Autoren (u.a. Raju et al.) haben vor allem hinsichtlich des Trainings der yogaspezifischen Atmung festgestellt, dass diese selbst bei trainierten Sportlern eine Leistungssteigerung bewirkt: Geringere Laktatkonzentration in der Ruhephase, geringerer Sauerstoffverbrauch, niedrigere Atemfrequenz). Dies weist auf einen geringeren Energieverbauch bei körperlichen Leistungen und eine verbesserte Sauerstoffversorgung der Muskulatur hin (Effekte des Hatha Yogatrainings auf hormonelle, neurologische, biochemische und physiologische Mechanismen). Die durch Hatha Yoga erhöhte Muskelökonomie wirkt bei kraftfordernden Aufgaben unterstützend. Ebert vermutet als Langzeitwirkung des Hatha Yoga, dass sich die langsam zuckenden, roten und mit großer Ausdauerfähigkeit ausgestatteten Muskelfasern stärker entwickeln.

Bei regelmäßigem Hatha Yogatraining können sie eine Dominanz über die schnell zuckenden weißen Fasern erlangen, die sich durch hohe Kontraktionsfähigkeit auszeichnen, jedoch schnell ermüden. Das Überwiegen der roten Muskelfasern kann zu einer gesteigerten Ausdauerfähigkeit des gesamten Organismus beitragen, von der nach Eberts Erfahrung oft von Yogapraktizierenden berichtet wird (siehe Ebert). Damit wird die aerobe Ausdauer durch regelmäßiges Hatha Yogatraining erhöht, was sich positiv auf das Herz- Kreislaufsystem auswirkt.
Schon kurz nach Beginn des Trainings von Hatha Yoga stellt sich eine Zunahme der Beweglichkeit ein. Dies geschieht aufgrund der vielfachen Dehnung von Gelenken und Bändern im Körper (Ebert). Hölling und Buskies haben festgestellt, dass bereits zehn Übungseinheiten dafür ausreichen, da nicht nur Arme und Beine bzw. die Wirbelsäule gedehnt werden, sondern die Dehnungshaltungen auch den Körperrumpf umfassen (Dehnung in alle Richtungen von Brustkorb, oberer Rücken durch Asanas z.B. Fisch, Kobra, Drehsitz, Dreieck). Zudem weist ein Hatha Yogatraining eine je spezifische, individuell angepasste Intensität und Länge der Dehnungspositionen auf.

Hinsichtlich einer verbesserten **Gesundheit** wiesen Hölling und Buskies sowie Dittrich nach, dass Hatha Yoga Schmerzen sowohl was die Häufigkeit als auch Intensität betrifft vermindern kann. Durch Praktizieren des Pranayame (Yogaatemtechniken) wies Tsutomu et al. eine Zunahme der frontalen Alpharhytmen (Kennwert für Entspannung) sowie eine erhöhte Aktivität von NK-Zellen (neurologischer Immuneffekt) nach. Die Asanas des Hatha Yogas wirken besonders den meist einseitigen Belastungen des Stützapparats des Körpers im Alltag, insbesondere der Gelenke, durch das vielfältige Dehnen von Muskeln sowie Auslenken der Gelenke entgegen. Diese Asana Übungen haben auch einen massageähnlichen Effekt und wirken so aktivierend auf das gesamte Nervensystem (Ebert). Bower wies in einer Studie die positive Wirkung von Hatha Yoga bei muskuloskeletalen Erkankungen nach (verbesserte Greifkraft und Schmerzreduktion). Boehm zeigte die positive Wirkung von Yoga bei der Krankheit Fatigue (chronische Erschöpfung/Müdigkeit). Taspinar wies in Studien nach, dass das Training von Hatha Yoga sich nachhaltig verbessernd auf die psychische Gesundheit auswirkt. Pullen konnte in einer Studie nachweisen, dass sich mit Yogaübungen bei Patienten eine Herzinsuffizienz verbesserte durch das Vermindern der Serum-Entzündungsparameter.
Zusammenfassend ergeben sich aus dem oben Gesagten zahlreiche für jeden Menschen positiv wirkende Faktoren durch ein regelmäßiges Praktizieren von Hatha Yoga.

Nach Trökes sind beim **Ausführen einer Asana** die folgenden Elemente äußerst wichtig: Die Vorbereitungsphase mit einer gedanklichen Konzentration und inneren Vorbereitung auf die Stellung, die Haltephase mit

Bewusstmachen von Ruhe und innerer Qualität der Asana sowie die Nachspürphase mit dem Nachfühlen der Wirkungen der Stellung. Beim Erlernen des Hatha Yoga werden Phasen von sich verbessernder Koordination durchschritten, bis eine Stellung vollständig beherrscht wird (soweit das im Yoga überhaupt möglich ist). Van Lysebeth beschreibt diese Phasen des Fortschritts im Hinsicht auf den jeweiligen Fokus der Konzentration:

(A) *Konzentration auf die korrekte Ausführung*: Hatha Yoga Beginnende müssen sich zuerst auf die technische Seite der Asana konzentrieren (Positionen z. B. von Wirbelsäule, Kopf, Rumpf, Armen und Beinen) und sie so detailliert verinnerlichen, dass sie jederzeit die Stellung einnehmen können, ohne dass ein Großteil der Aufmerksamkeit für die technisch korrekte Ausführung verwendet wird.

(B) *Konzentration auf die Entspannung*: Was eine bewusste Ökonomisierung bedeutet. In dieser sehr wichtigen Phase sollen die Übenden lernen, eine Asana mit möglichst wenig Anspannung zu halten und nur die Muskeln zu nutzen, welche direkt benötigt werden.

(C) *Konzentration auf die Atmung*: In dieser Phase können die Übenden beginnen, sich auf die Atmung zu konzentrieren. Sie lernen, auch in fordernden Stellungen einen natürlichen Atemfluss beizubehalten, oder auch durch spezielle Atmung die Asanas zu vertiefen.

(D) *Konzentration auf einen konstanten Verlauf*: Einnehmen, Halten und Lösen der Stellung sollen mit gleichmäßiger Konzentration erfolgen, und die Bewegungen in der Anfangs- und Endphase in einer bewusst geführten, kontinuierlich langsamen Geschwindigkeit erfolgen (siehe Georgi).

Für Beginnende im Hatha Yoga ist bei jeder Asana die wichtigste Konzentrationsleistung das Erreichen der Unbeweglichkeit während der Haltephase. Anzustreben ist ein angenehmes Gefühl. Erreicht wird die Unbeweglichkeit durch zunehmendes Entspannen aller nicht beteiligten Muskeln und ein gut koordiniertes Atmen. Bei Fortgeschrittenen im Hatha Yoga kann das Empfinden der feinen Balance, die sich durch die Regungslosigkeit ergibt, intensiviert werden. Jahn bezeichnet diese als Punkt der Ruhe, in welchem alle Kräfte im Gleichgewicht sind, und der anzustreben sei.

5.6.2.2 Vorübungen und erste Atemübungen im Hatha Yoga

Die Übungen beim Hatha Yoga sollten möglichst auf einer dünnen Yogamatte durchgeführt werden.

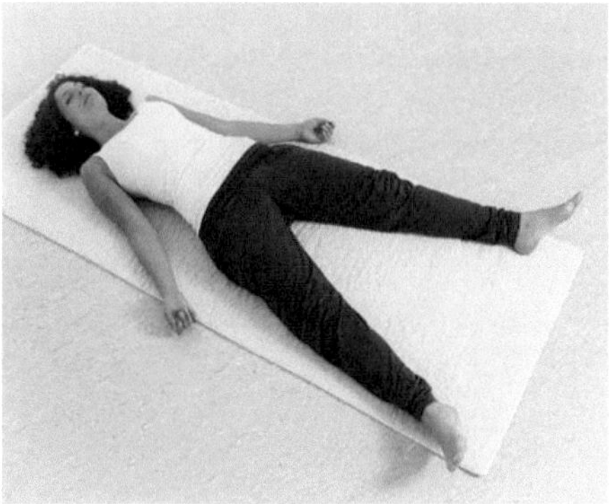

Rückenentspannungslage
Leben Sie sich als Vorbereitung für die Anfangsentspannung auf den Rücken; grätschen Sie dazu die Beine etwa schulterbreit und lassen Sie die Füße locker nach außen sinken.
Die Arme liegen entlang des Körpers so weit entfernt, dass die Achselhöhlen Luft bekommen. Die Handflächen zeigen nach oben.

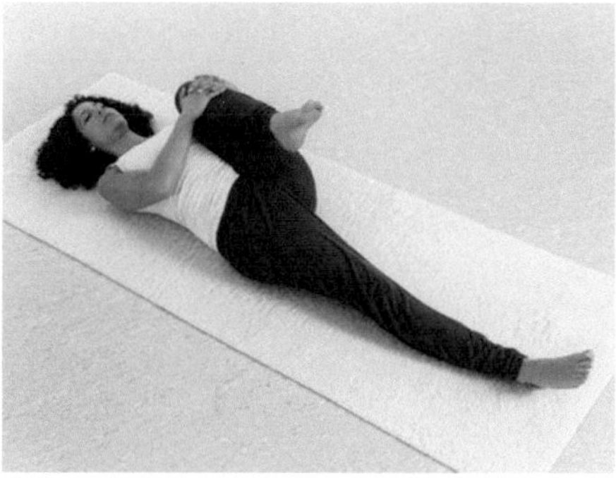

Kniebeuge im Liegen
Beugen Sie das rechte Bein ein, umfassen mit beiden Händen das rechte Knie und ziehen Sie den Oberschenkel so weit als möglich zum Bauch. In der Endposition tief in den Bauch zum Oberschenkel hin atmen: Die Aufmerksamkeit richtet sich auf die Massage der Bauchorgane. Lösen Sie beim Ausatmen den Beinverschluss und spüren Sie wie das Blut ins Bein einströmt (Gartenschlauchprinzip).
Jetzt wechseln Sie zum linken Bein.

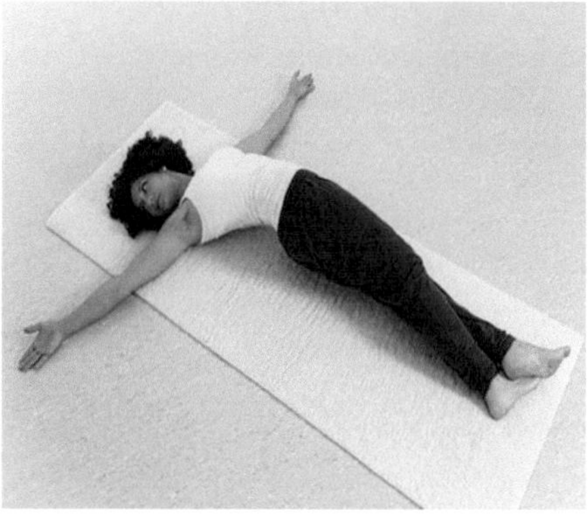

Krokodil
Legen Sie das rechte Bein gestreckt so über das linke Bein, dass sich die Außenkanten der Füße berühren.
Strecken Sie beide Arme in Schulterhöhe aus, Handflächen nach oben. Atmen Sie ein, rollen Sie ausatmend Becken und Beine nach rechts, während der Kopf sanft nach links rollt. Halten Sie diese Stellung fünf bis acht Atemzüge. Rollen Sie danach einatmend in die Ausgangshaltung zurück. Rollen Sie ausatmend Becken und Beine nach links und den Kopf nach rechts. Verfahren Sie jetzt wie oben. Danach wechseln Sie die Beinhaltung und üben jede Seite noch ein Mal.

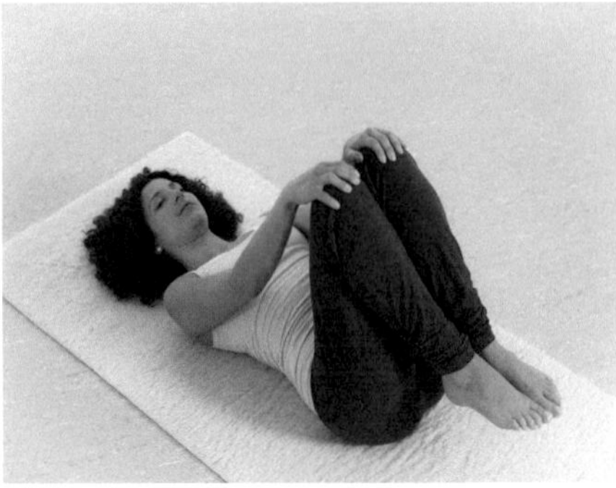

Wirbelsäulenselbstmassage

Als Ausgleichsübung zum Krokodil stellen Sie nun beide Fusssohlen an. Greifen Sie mit der rechten Hand das rechte Knie, mit der linken Hand das linke; ziehen Sie beide Knie zum Oberkörper heran. Kreisen Sie die Knie bei geschlossenen Beinen zunächst im und dann gegen den Uhrzeigersinn.

Beginnen Sie sanft mit kleinen Kreisen und lassen Sie diese allmählich größer werden.

Bauchschnellende Atmung

(siehe Übungsablauf S. 89)

Wechselseitige Atmung

(siehe Übungsablauf S. 90)

5.6.2.3 Sonnengruß im Hatha Yoga

Die Bewegungen und Haltungen des Sonnengrußes bestehen aus 12 Haltungen, die dynamisch in einander übergehen. Atmen Sie durch die Nase und verbinden dabei den Atem mit den Bewegungen. Beginnen Sie mit drei Doppelrunden und erhöhen die Anzahl nach je einer Woche bis 12 Runden.

Stehen Sie aufrecht und bringen Sie einatmend beide Arme in einem Kreisbogen mit den Händen zur Namaste-Haltung. Führen Sie die Schulterblätter zusammen. Ausatmend pressen Sie die Handflächen fest aneinander.

Heben Sie einatmend beide Hände und Ihren Blick hoch zur Decke. Strecken sie sich lang. Führen Sie die Schulterblätter zusammen und spannen Sie das Gesäß an. Beugen Sie den oberen Rücken leicht nach hinten ohne in ein Hohlkreuz zu kommen.

Kommen Sie ausatmend zur Vorwärtsbeuge und berühren Sie mit den Händen den Boden neben den Füßen. Der Nacken ist lang gestreckt und das Kinn bewegt sich zum Brustbein.

Strecken Sie einatmend das rechte, in der zweiten Runde das linke Bein weit nach hinten und platzieren das rechte Knie auf dem Boden. Der Fuß ist mit den Zehen aufgesetzt. Die Hüfte soll so tief wie möglich sein. Die Arme sind durchgestreckt und der Blick richtet sich nach vorn (Sprinterstellung).

Halten Sie den Atem an und stellen Sie das andere Bein nach hinten. Die Arme sind durchgedrückt, der Blick richtet sich auf einen Punkt zwischen den Händen (Liegestütz, Brettposition).

Ausatmend legen Sie Knie, Brust und Stirn am Boden ab. Die Hüfte bleibt noch ca. 5 cm über der Matte. Die Zehen sind angestellt.

Strecken Sie einatmend die Füße lang und senken Sie die Hüfte ab. Spannen sie die Rückenmuskeln an, sodass Sie mit dem Oberkörper und dem Kopf hochkommen zur 'Kobra'. Die Handflächen tragen kein Gewicht.

Ausatmend geben Sie das Gewicht auf die Handflächen, strecken Sie die Arme und heben das Becken, sodass das Gesäß oben ist. Der Kopf befindet sich parallel zu den Armen und die Fersen werden auf den Boden gedrückt.

Einatmend verlagern Sie das Gewicht auf die Arme und Hände und bringen das rechte, in der zweiten Runde das linke Bein dynamisch nach vorn zur ´Sprinterstellung´. Die Arme sind gestreckt, Handflächen berühren den Boden. Das linke Knie liegt am Boden auf, die Hüfte ist tief und der Blick richtet sich nach vorn.

Ausatmend bringen Sie das andere Bein nach vorn zur Vorwärtsbeuge. Die Hände berühren den Boden, der Nacken ist gestreckt und das Kinn bewegt sich zum Brustbein.

Wirkungen des Sonnengrußes:
Der Sonnengruß belebt und schenkt Energie. Er regt das Sonnengeflecht des Körpers an und vermittelt mehr Selbstvertrauen. Die Bewegungen dehnen und wärmen Muskeln und Körper. Beim Sonnengruß werden fast alle Muskeln des Körpers eingesetzt und jeweils gedehnt und zugleich gestärkt. Zusätzlich regen die Asanas des Sonnengrußes stärkend das Herz-Kreislauf-System an. - Mit zunehmender Übung können Sie die Haltedauer der jeweiligen Körperstellungen verlängern.

Einatmend rollen Sie nun den Oberkörper auf, nehmen dabei die Arme mit und gehen mit Ihrem Blick und den Händen hoch zur Decke, strecken sich lang, führen die Schulterblätter zusammen und spannen die Gesäßmuskeln an. Mit dem oberen Rücken beugen Sie sich leicht nach hinten, ohne ins Hohlkreuz zu kommen.

Ausatmend lassen Sie die Arme sinken und stehen in Rücken und Kopf locker aufrecht. Die Hände sinken entspannt ganz nach unten.

Dies ist eine Runde beim Sonnengruß. Grundsätzlich sollten Sie jeweils eine weitere Runde mit dem linken Bein in den Haltungen vier und neun üben. Dies ergibt dann eine Doppelrunde.

5.6.2.4 Hatha Yoga Asanas (Körperübungen)

Nach dem Aufwärmprogramm des Sonnengrußes können Sie sich nun den anspruchsvolleren Asanas widmen. Mit zunehmender Übung können Sie die Haltedauer der jeweiligen Körperstellungen verlängern.

Schulterstand
(nicht bei hohem Blutdruck!)
Gehen Sie in Rückenlage. Heben Sie einatmend die Beine geschlossen an und bringen Sie den Oberkörper in eine aufrechte Position, Brustbein in Richtung Kinn. Untenstützen Sie den Rücken mit den Händen und verteilen das Körpergewicht auf die Schultern, Oberarme und Ellenbogen (wenig Gewicht auf dem Hinterkopf!). Der Kopf muss zwingend in der Mitte bleiben! Halten Sie diese Stellung fünf bis acht Atemzüge. Zum Verlassen der Stellung beugen Sie beide Knie zur Stirn, bringen die Arme gestreckt auf die Matte, aktivieren die Bauchmuskulatur und rollen Wirbel für Wirbel langsam auf die Matte ab.

Fisch
Bringen Sie beide Arme gestreckt unter den Körper, Ellenbogen so nah wie möglich zusammen und Handflächen zum Boden. Den Oberkörper, die Ellenbogen in die Matte drückend, einatmend aufrichten, zu den Füßen sehen. Ausatmend, Brustbein wölbend, Hals überstreckend den Schädel sanft auf der Matte aufstellen (ohne Gewicht). Die Ellenbogen und Unterarme tragen das Gewicht: Fünf bis acht Atemzüge halten.
Den Oberkörper, die Ellenbogen in die Matte drückend, einatmend aufrichten, zu den Füßen sehen; den Körper ablegen und die Arme unter dem Gesäß hervorbringen: Spüren, wie das Blut in beide Arme und Hände einströmt.

Sitzende Vorwärtsbeuge

Sitzen Sie mit gestreckten Beinen aufrecht. Nehmen Sie dann einatmend die Arme seitlich nach oben und strecken den Rücken. Jetzt geht es ausatmend mit geradem Rücken nach vorne und berühren mit den Händen die Schienbeine. Halten Sie dies fünf bis acht Atemzüge lang.

Kommen Sie einatmend wieder nach oben, strecken den Rücken lang und ausatmend gehen die Hände hinter dem Rücken auf die Matte.

Schiefe Ebene

Heben Sie das Becken so weit an, dass der Körper eine Linie bildet. Die Fingerspitzen zeigen in der Grundstellung nach hinten und der Kopf ist in den Nacken gelegt. Halten Sie diese Stellung fünf bis acht Atemzüge. Ausatmend lassen Sie das Gesäß auf die Matte zurücksinken und lockern sanft die Handgelenke.

Wenn es für die Schultern oder die Handgelenke unangenehm ist, können die Fingerspitzen auch nach vorne oder zur Seite zeigen.

Kobra

Aus der Bauchlage schließen Sie die Beine, strecken die Fußrücken und positionieren die Hände so unter den Schultern, dass das Lot der Schultern mit den Fingerspitzen abschließt. Heben Sie den Oberkörper mit der Kraft aus oberem und mittlerem Rücken an. Die Hände tragen kein Gewicht.

Halten Sie diese Stellung fünf bis acht Atemzüge. Gehen Sie dann wieder zurück in die Bauchlage.

Halbe Heuschrecke

Bringen Sie das Kinn (alternativ Stirn) auf die Matte. Beinhaltung wie bei Kobra. Bringen Sie beide Arme so unter den Körper, dass die Handflächen zum Körper zeigen und die Ellenbogen so nah wie möglich beisammen sind. Einatmend mit der Kraft aus dem unteren Rücken das rechte Bein anheben und fünf bis acht Atemzüge halten. Ausatmend das Bein sinken lassen und die andere Seite entsprechend üben.

Ganze Heuschrecke

Einatmend heben Sie mit der Kraft aus dem unteren Rücken beide Beine ohne Schwung an und verharren in dieser Haltung fünf bis acht Atemzüge lang. Ausatmend die Beine sinken lassen. Nehmen Sie die Arme unter dem Körper heraus und gehen Sie in den Fersensitz.

Stellung des Kindes

Setzen Sie das Gesäß auf den Fersen ab und beugen sich so weit nach vorne, bis die Stirn den Boden berührt. Der Rücken ist rund, die Arme sind nach hinten gestreckt mit den Handrücken auf der Matte. Diese Haltung fünf bis acht Atemzüge einnehmen.

Wenn es nicht möglich ist vorgebeugt mit dem Gesäß auf den Fersen zu sitzen, können Sie alternativ die Fäusteturmentspannung (siehe Bild) üben. Einatmend kommen Sie sich aufrichtend in den Fersensitz. Nun setzen Sie das Gesäß links neben die Fersen und strecken die Beine lang.

Drehsitz (2)

Winkeln Sie das rechte Bein an und stellen Sie die Fußsohle des rechten Beines links neben dem linken Knie auf die Matte. Umschlingen Sie mit dem linken Arm das rechte Knie und ziehen es auf diese Weise so nah wie möglich an den Oberkörper heran. Strecken Sie einatmend den rechten Arm hoch zur Decke und richten Sie dabei die Wirbelsäule auf. Ausatmend drehen Sie sich den Oberkörper nach rechts hinten und legen dabei den Handrücken der rechten Hand auf die linke Hüfte. Der Blick geht über die rechte Schulter - in Augehöhe geschaut - nach rechts hinten. Halten Sie diese Stellung fünf bis acht Atemzüge. Kommen Sie aus der Drehung zurück, strecken Sie den rechten Arm hoch und machen Sie mit dem Oberkörper eine Ausgleichsbewegung nach links, indem sie beide Hände links neben der Hüfte mit den Handflächen auf die Matte legen. Drehen Sie sich wieder in die Mitte und strecken das rechte Bein aus. Führen Sie dasselbe mit dem linken Bein zur linken Seite gedreht aus.

Stehende Vorwärtsbeuge

Stehen Sie aufrecht und nehmen einatmend die Arme seitlich nach oben und strecken sich lang. Ausatmend kommen Sie mit geradem Rücken nach vorne bis der Oberkörper waagerecht in der Luft ist, lassen Sie die Arme sinken. Beim normalem Blutdruck senken Sie den Oberkörper und Kopf Richtung Matte ab, bei hohem Blutdruck verbleiben Sie in der waagerechten Oberkörperposition.
Halten Sie diese Stellung fünf bis acht Atemzüge, und richten Sie sich danach einatmend, die Arme nach oben streckend auf. Ausatmend danach die Arme zur Seite sinken lassen.

Stehendes Dreieck

Stehen Sie aufrecht quer zur Matte. Grätschen Sie die Beine so weit auseinander, wie ein Bein lang ist. Die Füße stehen parallel, das Becken ist aufgerichtet. Einatmend heben Sie den rechten Arm seitlich nach oben und strecken sich lang. Ausatmend kommen Sie zur Seitbeuge nach links. Halten Sie diese Flankendehnung fünf bis acht Atemzüge. Einatmend wieder aufrichten, rechten Arm langstrecken und ausatmend den rechten Arm zur rechten Seite sinken lassen. Dasselbe zur anderen Seite durchführen.

5.6.2.5 Hatha Yoga - Kurzprogramm 1 (leichtere Variante)

Wem eine komplette Yogastunde (90 min.) zu umfangreich oder zu zeitintensiv ist, kann auch täglich ein leichteres Kurzprogramm in seinem Yogatraining durchführen.

Kreuzstreckung

In der Rückenlage stellen Sie beide Sohlen an und bringen den rechten Oberschenkel über den linken.
Mit beiden Händen greifen Sie nach Möglichkeit das entfernte linke Knie und ziehen beide Beine zum Oberkörper heran.
Atmen Sie fünf bis acht Atemzüge tief in den Bauch zum rechten Oberschenkel hin. Spüren Sie die Massage der Bauchorgane.
Dann lösen Sie die Haltung auf und üben das Gleiche mit dem linken über den rechten Oberschenkel. Am Ende kurz Nachspüren.

Wechselseitige Atmung

(siehe Übungsablauf S. 90)

Sonnengruß

Stehen Sie aufrecht und bringen Sie einatmend beide Arme in einem Kreisbogen mit den Händen zur Namaste-Haltung. Führen Sie die Schulterblätter zusammen. Ausatmend pressen Sie die Handflächen fest aneinander.
Es folgen die Haltungen eins bis zwölf des Sonnengrußes als Aufwärmübungen für die nachfolgenden Körperstellungen des Kurzprogramms (siehe Seite 104 ff.).

Ganze Heuschrecke

Bringen Sie das Kinn (alternativ Stirn) auf die Matte. Beinstellung wie bei Kobra. Bringen Sie beide Arme so unter den Körper, dass die Handflächen zum Körper zeigen und die Ellenbogen so nah wie möglich beisammen sind.
Einatmend mit der Kraft aus dem unteren Rücken beide Beine ohne Schwung anheben und fünf bis acht Sekunden halten. Ausatmend die Beine sinken lassen. Nehmen Sie die Arme unter dem Körper heraus und gehen Sie in den Fersensitz.
Halten Sie diese Stellung fünf bis acht Atemzüge.

Drehsitz (2)
Winkeln Sie das rechte Bein an und stellen Sie die Fußsohle des rechten Beines links neben dem linken Knie des gestreckten linken Beins auf die Matte. Umschlingen Sie mit dem linken Arm das rechte Knie und ziehen es auf diese Weise so nah wie möglich an den Oberkörper heran. Strecken Sie einatmend den rechten Arm hoch zur Decke und richten Sie dabei die Wirbelsäule auf. Ausatmend drehen Sie sich den Oberkörper nach rechts hinten und legend dabei den Handrücken der rechten Hand auf die linke Hüfte. Der Blickl geht über die rechte Schulter - in Augehöhe geschaut - nach rechts hinten. Halten Sie diese Stellung fünf bis acht Atemzüge. Kommen Sie aus der Drehung zurück, strecken Sie den rechten Arm hoch und machen Sie mit dem Oberkörper eine Ausgleichsbewegung nach links, indem sie beide Hände links neben der Hüfte mit den Handflächen auf die Matte legen. Drehen Sie sich wieder in die Mitte und strecken das rechte Bein aus. Führen Sie dasselbe mit dem linken Bein zur linken Seite gedreht aus.

Stehende Vorwärtsbeuge
Stehen Sie aufrecht und nehmen einatmend die Arme seitlich nach oben und strecken sich lang. Ausatmend kommen Sie mit geradem Rücken nach vorne bis der Oberkörper waagerecht in der Luft ist, lassen Sie die Arme sinken. Beim normalem Blutdruck senken Sie den Oberkörper und Kopf Richtung Matte ab, bei hohem Blutdruck verbleiben Sie in der waagerechten Oberkörperposition. Halten Sie diese Stellung fünf bis acht Atemzüge, und richten Sie sich danach einatmend, die Arme nach oben streckend auf. Ausatmend danach die Arme zur Seite sinken lassen.

Baum

Aus dem Stand verlagern Sie das Körpergewicht auf die linke Sohle, beugen das rechte Knie ein und positionieren die rechte Fußsohle auf der linken Knie-Innenseite, nur anlehnen, nicht drücken. Das rechte Knie zeigt wie die rechte Schulter ganz nach rechts.

Dann beide Hände vor dem Herzen in Namaste-Haltung bringen (Handflächen liegen aufeinander), beugen Sie bis auf die Zeigefinder aller Finger ein und lassen dann Arme und Hände langsam vor dem Gesicht nach oben „wachsen". Strecken Sie die Arme weit nach oben. Entspannt so fünf bis acht Atemzüge in den Bauch atmen und dabei mit den Augen einen unbewegten Punkt fixierend ansehen.

Ausatmend senken Sie dann zuerst die Arme und stellen dann die rechte Sohle wieder auf den Boden.

Dann üben Sie analog mit dem linken Bein.

5.6.2.6 Hatha Yoga - Kurzprogramm 2 (anspruchsvollere Variante)

Bauchschnellende Atmung
(siehe Übungsablauf S. 89)

Sonnengruß
Stehen Sie aufrecht und bringen Sie einatmend beide Arme in einem Kreisbogen mit den Händen zur Namaste-Haltung. Führen Sie die Schulterblätter zusammen. Ausatmend pressen Sie die Handflächen fest aneinander.
Es folgen die Haltungen eins bis zwölf des Sonnengrußes als Aufwärmübungen für die nachfolgenden Körperstellungen des Kurzprogramms (siehe Seite 104 ff.).

Drehsitz (3)

Winkeln Sie das rechte Bein an und stellen Sie die Fußsohle des rechten Beines links neben dem linken Knie des linken Beins auf die Matte. Umschlingen Sie mit dem linken Arm das rechte Knie und ziehen es auf diese Weise so nah wie möglich an den Oberkörper heran. Strecken Sie einatmend den rechten Arm hoch zur Decke und richten Sie dabei die Wirbelsäule auf. Ausatmend drehen Sie sich im Oberkörper nach rechts hinten und legend dabei den Handrücken der rechten Hand auf die linke Hüfte. Der Blick geht über die rechte Schulter - in Augehöhe geschaut - nach rechts hinten. Halten Sie diese Stellung fünf bis acht Atemzüge. Kommen Sie aus der Drehung zurück, strecken Sie den rechten Arm hoch und machen Sie mit dem Oberkörper eine Ausgleichsbewegung nach links, indem sie beide Hände links neben der Hüfte mit den Handflächen auf die Matte legen. Drehen Sie sich wieder in die Mitte und strecken das rechte Bein aus. Führen Sie dasselbe mit dem linken Bein zur linken Seite gedreht aus.

Tänzer

Im Stehen verlagern Sie das Körpergewicht auf den linken Fuß, beugen das rechte Bein ein, greifen mit der rechten Hand den Spann des Fußes und bringen die rechte Ferse in Kontakt mit der rechten Gesäßhälfte. Halten Sie einen Moment inne, um der rechten Oberschenkelvorderseite Zeit für diesen Dehnimpuls zu geben. Dann nehmen Sie einatmend den linken Arm nach vorne oben, Daumen und Zeigefinger berühren sich, und kommen ausatmend mit dem Oberkörper (wie auf dem Foto) nach vorne und drücken den Spann des rechten Fußes kräftig in die rechte Hand, so dass sich die rechte Ferse weit vom Gesäß entfernt und im Idealfall der rechte

Oberschenkel parallel zum Boden und der rechte Unterschenkel senkrecht zum Boden kommt. Das Becken dabei so stabil halten wie möglich und eine Aufdrehung vermeiden. Nach fünf bis acht Atemzügen in der Endposition achtsam die Haltung verlassen und nach einer kurzen Lockerung die andere Seite entsprechend üben.

Stehende Vorwärtsbeuge (Variante)
Stehen Sie aufrecht und bringen das rechte Bein gestreckt so vor das linke, dass sich die Außenkanten der Füße berühren. Nehmen Sie einatmend die Arme seitlich nach oben und strecken sich lang. Ausatmend kommen Sie mit geradem Rücken nach vorne bis der Oberkörper waagerecht in der Luft ist, lassen Sie die Arme sinken. Beim normalem Blutdruck senken Sie den Oberkörper und Kopf Richtung Matte ab, bei hohem Blutdruck verbleiben Sie in der waagerechten Oberkörperposition.
Halten Sie diese Stellung fünf bis acht Atemzüge, und richten Sie sich danach einatmend auf. Nun noch die Seite wechseln und entsprechend vergehen.

Waage
Stehen Sie aufrecht und nehmen einatmend die Arme seitlich nach oben und strecken sich lang.
Verlagern Sie das Körpergewicht auf den linken Fuß und kommen ausatmend mit geradem Rücken nach vorne bis der Oberkörper waagerecht in der Luft ist. Gleichzeitig strecken Sie das rechte Bein nach hinten waagerecht aus.
Halten Sie diese Gleichgewichtsübung für fünf bis acht Atemzüge und richten sich dann einatmend ganz langsam wieder auf.
Lockern Sie sich kurz und üben dann mit dem Standbein rechts die andere Seite.

Hinweise für die Yoga-Praxis

Soll nun in Eigenregie mit den Asanas des Hatha Yoga begonnen werden bzw. gerade am Anfang des Übens sind folgende Grundprinzipien zu beachten:

- Alle Haltungen sollen so langsam wie möglich eingenommen werden.
- Wesentliches Kennzeichen ist das ruhige Verharren in der jeweiligen Haltung.
- Die Haltedauer beträgt zu Anfang fünf bis acht Atemzüge und kann bei fortgeschrittenem Üben mehrere Minuten umfassen.
- Vermeidung jeglicher dynamischer Kraftentfaltung.
- Die Aufmerksamkeit ruht beim Verharren auf der maximal möglichen muskulären Relaxation der nicht unmittelbar für die Aktion benötigten Muskeln.
- Die Atmung soll über die Nase erfolgen und dabei ruhig und entspannt sein.
- Zielgröße ist die Entspannung.
- Diese Entspannung wird konzentriert ausgeführt, das heißt, die Aufmerksamkeit liegt vollständig auf der somatischen Sensibilität und es gibt kein äußeres Aufmerksamkeitsziel. (Ebert)
- Wichtig ist das jeweilige Nachspüren nach Ende der Körperstellung. Dies sollte mindestens fünf bis acht Atemzüge dauern.

Die Körperstellung halten ist, mit einem Bild gesprochen, wie 'Saat ausbringen', das Nachspüren ist wie 'Ernte einfahren'.

6 Aufbauen einer achtsamen Haltung

Im vorigen Kapitel wurden verschiedenste Wege hin zu mehr Achtsamkeit, besserem Stressbewältigen und damit sowohl zu einer besseren Gesundheit als auch erhöhter psychischer Stabilität im beruflichen wie privaten Kontext beschrieben. Meist sind auch konkrete Abfolgen oder Übungen aufgezeigt worden. - Doch ´Papier ist geduldig`! - Was noch fehlt sind Ideen oder Anregungen fürs ´Dranbleiben´; d.h. die Frage steht im Raum: „Auf welche Weise, Wie? und Wann?“, kann bzw. lässt sich eine solche achtsame Haltung aufbauen und erreichen?
Hier sind **Sie** gefragt! Ein wie immer geartetes Beginnen und Umsetzen usw. liegt allein in Ihrer Entscheidungsmacht: Schließlich verändern all die genannten Ansätze bei einem Umsetzen in höchst wahrscheinlich mehr oder weniger intensiver Weise Ihre ´Sichtweise´ sowohl auf Ihr ´Selbst´ als auch diejenige auf Ihre Mitmenschen; d.h. mit dem Üben, Trainieren und Praktizieren eines oder mehrerer der genannten Ansätze verändert sich Ihre psychische und physische Entwicklung und eine sich daraus ergebende geistige Haltung.
Ihr ´Dranbleiben´ wird zunächst die größere Herausforderung sein; jedoch das Ziel ist echt lohnend: Klareres Wahrnehmen der innerlich ablaufenden geistigen und körperlichen Prozesse (Emotionen; Empfindungen) lassen eine *dynamische Balance von Intentions- und Extentionsgedächtnis gewinnen*: Beispielsweise eine verbesserte Selbstregulation und -wahrnehmung; erhöhte psychische und physische Stabilität, sprich Vitalität und Gesundheit; mehr konstruktive Gelassenheit, z.B. echten Humor und „Liebe Deinen Nächsten wie Dich selbst!“, d.h. nur wer sich selbst mit allen Stärken und Schwächen erkennend und akzeptierend weiter entwickelt, kann dies auch bei Mitmenschen für beide Seiten förderlich umsetzen.
Mit einer allegorisch bildhaften Aufzählung seien beispielhaft wichtige Fragen, die im Vorfeld bzw. vor dem Beginn des Vorhabens ´Einüben von Achtsamkeit´ zu klären sind, benannt. Diese Aufzählung kann Ihnen auch dabei helfen, die vielfältigen Angebote z.B. im Internet oder regionalen Veranstaltern besser einzuschätzen bzw. auszuwerten:

Das Aufbauen und Gewinnen von Achtsamkeit bzw. einer achtsamen Haltung ist ein sehr persönlicher und damit individueller Weg. Dieser beginnt bildlich gesprochen ähnlich dem Besteigen eines höheren Berges, das die eigenen Fähigkeiten besonders herausfordert. In diesem Bild verbleibend umfasst dies z.B.:

- Ist das Vorhaben meinen aktuell aktivierbaren Fähigkeiten angemessen?
- Welche Ausrüstung steht mir zur Verfügung bzw. welche benötige ich?
- Welche sonstigen Ressourcen sind noch erforderlich?
- Welches ´Gewicht´ darf mein Rucksack höchstens wiegen und passt da auch alles, was ich für die Besteigung benötige bzw. was erforderlich ist hinein?
- Gibt es eine ´Karte´ mit ausreicherender Auflösung (Maßstab), die mich bei der Orientierung unterstützen kann?
- Gibt es jemanden, der den ´Weg´ schon einmal gegangen ist, den ich fragen kann oder gibt es detailierte, umfassende Berichte über den ´Weg´?
- Welche ´Wege´ gibt es und welcher ist mir als Person möglich?
- Auf welcher Höhe soll ich in den ´Weg´ einsteigen?
- Ist dieser ´Weg´ für meine Fähigkeiten ausreichend markiert, sodass ich mich gut orientieren kann?
- ´Gehe´ ich allein oder schließe ich mich einer Gruppe an?
- Welche Anforderungen würde ich an eine solche ´Seilgemeinschaft´ stellen?
- Welche ´Zwischenstationen´ zur Rast, einem Ausblick, ggf. zum Übernachten oder auch zum Schutz bei einem ´Wetterumschwung´ gibt es? Sind die Abstände dazwischen für mich machbar? usw.

6.1 Persönliche Vorlieben - Erfahrungen

Welche Erfahrungen haben Sie bei ähnlichen Vorhaben mit sich selbst schon gemacht? Finden Sie z.B. ein gemeinsames, terminlich klar umrissenes, mehrtägiges Seminar oder einen Kurs am Wochenende für Sie eher passend oder haben Sie schon gute Erfahrungen mit eigener, konsequent eingehaltener Trainingsgestaltung?

Ich (Autor) habe es da wie die meisten Trainierenden im Sportbereich gehalten: Selbst gewählte Themen und Termine unter Begleitung einer kompetenten Fachperson. Danach kommen dann selbstverantwortlich gestaltete Übungs- und Erprobungsphasen mit immer wieder eingeschobenen passenden ´Intensiv´-, Auffrisch- oder Aufbautrainings´ wieder mit Fachpersonen.

Hilfreich ist vor allem am Anfang ein zu Ihnen passendes Einbauen und gewolltes konsequentes Durchführen von Übungsritualen im täglichen Ablauf; denn so sagt ein Sprichwort: „Der Mensch ist ein ´Gewohnheitstier´!“

Grundsätzlich nachgewiesen ist, was Vorsätze betrifft: Was innerhalb von 72 Stunden nicht begonnen wird, findet (in absehbarer Zeit) nicht mehr statt!

Legen Sie, für sich passend Ihre tägliche Übungssequenz fest und bleiben Sie konsequent dran!, sodass dies zu einem für Sie stimmigen Ritual wird.

Denken Sie bei jeder Meditation bzw. jeder Hatha Yoga Übung daran:
- Üben Sie immer mit leerem Magen.
- Tragen Sie bequeme, lockere Kleidung, sodass diese Sie nicht einengt.
- Verursacht eine Bewegung Schmerzen, wird die Übung sofort abgebrochen.
- Sprechen Sie mit Ihrem Arzt, wenn Sie Herz- oder Kreislaufprobleme, Bluthochdruck, Probleme mit Muskeln, Gelenken oder der Wirbelsäule haben.
- Achten Sie darauf, die Bewegungen des Hatha Yoga langsam und präzise auszuführen; denn je bewusster eine Position gehalten wird, desto intensiver ist die Körperwahrnehmung und damit auch der Trainingseffekt.

6.1.1 Reihenfolge und Zeit zum Aufbau von Achtsamkeitsübungen

Wollen Sie ohne bisherige Erfahrungen in Übungen des Achtsamseins einsteigen, dann empfiehlt es sich, mit Atemübungen zu beginnen. Üben Sie immer zur selben Zeit. Die folgenden Beispiele zeigen eine in ihrer Intensität aufsteigende Tendenz (A bis C). Die dort genannte Vorgehensweise können Sie auch bei entsprechendem Willen und mit Selbstdisziplin alleine durchführen. (D) und (E) zeigen weitere, i.d.R. angeleitete oder intensivere Trainingsmöglichkeiten des Aufbauens von Achtsamkeit.

(A) Wählen sie z.B. am Besten die Atemübung „Bauchatmung“ für nach dem Aufstehen, eine andere z.B. die Schnellatmung für bestimmte Pausen im Alltag und erstere wieder am Abend vor dem Abendessen. Richten Sie Ihre volle Aufmerksamkeit auf Ihren Atem bzw. Atemrhythmus. Die morgendliche und abendliche Atemübung sollte dem bei der jeweiligen Atemübung genannten Zeitumfang bzw. der Anzahl entsprechen. Ein bewusstes Atmen können Sie leicht in Ihren Alltag integrieren, indem Sie z.B. pro Tag 50 Atemzüge mit Achtsamkeit ausführen.

(B) Nach einigen Wochen, in denen Sie sich mit der Atemübung „Bauchatmung“ vertraut gemacht haben, verbinden Sie diese mit einer Meditation. Setzen Sie sich in ruhiger Umgebung entweder auf eine Sitzmatte, ein Sitzkissen oder einen Hocker mit aufrechtem Rücken und gerader Kopfhaltung hin. Sie beginnen Ihre Meditation mit einer Ihnen vertrauten Atemübung. Meditieren Sie z.B. durch das sich wiederholende gedankliche Aufsagen oder Lesen eines Sie ansprechenden, besinnlichen Spruches oder Liedverses. Möglicherweise singen Sie diesen Liedvers auch leise oder sagen den Spruch in rhythmisch gleicher Weise vor sich hin.

Atmen Sie gleichmäßig in der Ihnen vertrauten Atemweise. Lenken Sie Ihre ganze Aufmerksamkeit während etwa 5 bis 10 Minuten ganz auf und in dieses Tun. Nehmen Sie dabei aufkommende Gedanken, innere Bilder, usw. ohne Bewerten wahr und lassen sie diese auch wieder gehen. Führen Sie dies über mehrere Wochen täglich durch.
Beginnen Sie jede der zukünftig folgenden Übungssequenzen mit einer Ihnen vertrauten Atemübung. Führen Sie Ihre Achtsamkeitsübungen regelmäßig zur gleichen Zeit morgens nach dem Aufstehen durch!

(C) Nach einer kurzen Entspannungsphase mit gleichmäßigem Atmen beginnen Sie mit einer Sitzmeditation. Zeitgeber könnte z.B. der langsam verklingende Ton einer Klangschale sein, die Sie ggf. mehrfach anschlagen und deren Klang Sie bei geschlossenen Augen mit ganzer Aufmerksamkeit lauschen.
Eine Variation wäre, die gesamte Aufmerksamkeit z.B. auf ein von Ihnen gewähltes äußeres oder bei geschlossenen Augen auf ein Ihnen wohlig vertrautes, inneres Bild zu richten.
Atmen Sie regelmäßig im gewohnten Atemrhythmus.
Schließen Sie dann einige wenige Körperübungen, z.B. diejenigen einer Kurzübung des Hatha Yoga an. Atmen Sie dabei gleichmäßig. Halten Sie jede Position in den ersten Wochen einige Sekunden lang und steigern Sie diese Haltezeiten dann langsam auf bis zu mehrere Sekunden. Schließen Sie jede Ihrer Übungszeiten mit einer Entspannungsphase, was wieder eine Atemübung sein kann.
Führen Sie diese Achtsamkeitsübungen täglich etwa 15 bis 20 Minuten lang durch.

(D) Sie lassen sich mittels einer auf CD oder einer heruntergeladenen mp3-Datei gesprochenen ′Stimme′ leiten und führen die dort genannten Übungen genau nach den erhaltenen Hinweisen aus. Kostenfreie Quellen dazu finden Sie oben bei den entsprechenden Themen, z.B. der Sitzmeditation bzw. des Body-Scan. Nach Kabat-Zinn kommt der Sitzmeditation eine besondere Bedeutung beim Finden von innerer Ruhe, einem inneren Frieden und dem psychischen Regenerieren zu.
Auch zu Übungen des Hatha Yoga gibt es solche medialen Anleitungen auf CD. Meistens wird zusätzlich noch ein unterstützendes Plakat angeboten, auf dem bildlich die jeweiligen Übungen dargestellt sind.
Auch hierbei gilt, das tägliche Üben sowohl mit Aufmerksamkeit auf den Atem wie auf die jeweiligen Körperübungen immer zur selben Zeit und mit leerem Magen erst bringt die gewünschten Effekte.

(E) Nachdem Sie sich von einer in Hatha Yoga ausgebildeten Person in einem mehrtägigen Kurs oder einer Seminarwoche die verschiedenen Bewegungsabläufe mit Halten haben zeigen lassen und auch sich selbst darin üben konnten, bietet es sich z.B. am Wochenende oder einem anderen freien Tag an, das MBSR Programm mit den zugehörigen Hatha Yoga Übungen durchzuführen, was etwa 45 Minuten dauert. Regelmäßig, d.h. wöchentlich praktiziert, wirkt dies neben den täglichen Achtsamkeitsübungen nachhaltig stärkend sowohl auf Ihre Vitalität als auch Ihre Gesundheit.

7 Achtsam im beruflichen Alltag

Jeder berufstätige Mensch verbringt die meiste Zeit in der Wachphase, d.h. im Wachzustand bei Tätigkeiten z.B. im Beruf bzw. bei der Arbeit. Außer in kurzen Pausenzeiten ist während der Arbeit die volle Aufmerksamkeit und Konzentration auf die anfallenden Aufgaben und deren sach- und fachgerechtes Bearbeiten zu richten. Besonders in sozialen bzw. pädagogischen Berufsfeldern ist die Zeit, in der mit Kindern und/oder Jugendlichen gearbeitet wird meist sehr herausfordernd und benötigt den vollen psychischen und oft auch physischen Einsatz. Nach Untersuchungen muss z.B. eine Lehr- oder Fachkraft in einer pädagogischen oder schulisch-, erzieherischen Organisation in 45 Minuten bis zu 200 Entscheidungen treffen, um ein Geschehen einigermaßen steuern zu können. Hinzu kommt oft auch noch ein hoher Schallpegel, der nach Untersuchungen oft die 120 Dezibel übersteigt, was jüngere Kinder oder Kinder im Grundschulalter gar nicht so wahrnehmen. Diese Schallbelastung wirkt auf Erwachsene vor allem im Alter über 30 Jahren auf die Dauer belastend. - Nach der Schallschutzverordnung für Handwerks- und Industriebetriebe müssten in allen Gruppenräumen, in denen jüngere Kinder sich aufhalten bzw. sich bewegen entsprechende Schalldämmungen in Decken und Seitenwänden eingebaut sein. - Das oben genannte betrifft nur das Kerngeschäft im unmittelbaren Umgang mit den jungen Menschen.
Hier stellt sich die Frage: Wie kann es gelingen in diesem ´Trubel´ von Interaktionen über Wochen, Monate und Jahre mental präsent, stabil und aktiv sowie körperlich vital und gesund zu bleiben?
Die deutsche Fußballnationalmannschaft hat sich für die WM 2014 ein dazu passendes, grundsätzliches Motto gegeben:

„Ein guter Anfang braucht Begeisterung, ein gutes Ende Disziplin!“

Ergänzt durch den Ausspruch von Ghandi:

„Stärke erwächst nicht aus körperlicher Kraft - vielmehr aus unbeugsamem Willen!“,

ergeben sich entscheidende Ansatzpunkte, die aus persönlichen Erfahrungen von mir (Autor) ein ganzes Berufsleben, auch im Privaten, tragend wirksam sind. Sie haben sich, davon gehe ich aus, bewusst und überlegt für Ihren Beruf im Sinne von ´Berufung´ entschieden: Sie wollen mit jungen Menschen zusammen arbeiten. Das Wort ´zusammen´ ist bewusst hier gesetzt; denn es weist auf die im pädagogischen Feld bestehenden grundsätzlichen Wechselwirkungen im Sinne eines aufeinander Bezogenseins, d.h. einer Wechselbeziehung zwischen Interaktionspartnern hin (siehe Millers Beziehungsdidaktik). Die beiden zitierten Sätze aufgreifend ergeben sich drei zentrale Gesichtspunkte, die auch für Sie leitend sein können:

(A) Begeisterung

(B) Wille

(C) Disziplin

Zu (A): Begeisterung weist auf ein sehr dynamisches, eine Person in all ihren Facetten berührendes und aktivierendes psychisches Phänomen bzw. Moment hin: Die Dynamik, der Ansporn, das Streben auf ein Ziel hin ist in der Lage, alle psychisch und physisch aktivierbaren Kräfte zu mobilisieren. Aus psychologischer Sicht besteht bei ´Begeisterung´ eine hohe intrinsische Motivation. Das Gehirn und der Körper sind neurobiologisch gesehen im EU-Stress. - Kurz einhalten!!; denn jetzt wird es bedeutsam:

Begeisterung *hohe intrinsische Motivation plus EU-Stress!*

Dies bedeutet ganz klar zweierlei:

1. Begeisterung sei hier deutlich von der oft damit begrifflich verbundenen Euphorik unterschieden. Begeisterung im Sinne einer hohen intrinsischen Motivation ist etwas sehr Tolles und Tragendes. Sie ist nämlich auch in der Lage aufkommende oder real bestehende ´Durststrecken´ durchstehen zu helfen. Begeisterung hat somit eine gewisse Ähnlichkeit mit ´Dranbleiben´, mit etwas auf Dauer Angelegtem. Begeisterung für und in einem sozialen bzw. pädagogischen Beruf ist eine wichtige Grundlage für ein gelingendes Zusammenarbeiten sowohl mit Kindern / Jugendlichen als auch Kolleginnen / Kollegen und Vorgesetzten.

   Ist diese intrinsische Motivation gar mit einer zu Ihrer Person passenden z.B. beruflichen / privaten Vision verbunden, vielleicht sogar einem Motto (siehe Mottoziele bei ZRM) und können Sie bzw. haben Sie diese Vision in Ihrer Vorstellung in einem Objekt (siehe Embodiment bei ZRM) projezierend verankert, so ist diese intrinsische Motivation für Sie präsent, d.h. in Ihrem Gehirn neuronal vielfältig vernetzt und steuert so auch Ihre Wahrnehmungen. Zugleich gilt, dass eine Vision, ausgedrückt durch ein Motto, für das eigene (Berufs-)Leben zu haben einerseits sehr wichtig und andererseits eine Herausforderung ist: Eine derartige Vision muss so allgemein und gleichzeitig so konkret wie möglich sein, um auch im Verlauf des (Berufs-)Lebens weiter tragend wirken zu können. Meist ist diese Vision ein vielfältiges, weniger tiefenscharfes buntes inneres Bild, das durch das Motto holzschnittartig in Worte gefasst ist. Eine derartige

Vision sollte ´gepflegt´ werden, umfasst bzw. repräsentiert sie doch den Wesenskern Ihrer Person und eignet sich besonders z.B. als ´Objekt´ des Meditierens gerade in kritischen Berufs- und Lebensphasen. So können Sie ihrem Extentionsgedächtnis auf die Spur kommen, um damit einer dynamischen innere Balance mit Ihrem Intentionsgedächtnis eine Chance zu geben. Aus dieser Balance heraus ergeben sich meist ´intuitiv´ sich generierende Ideen für neue Handlungsmöglichkeiten. Solche Erfahrungen wirken dann wieder positiv auf Ihr Empfinden der Selbstwirksamkeit und Ihre Selbstregulation zurück: Ein zirkulärer Prozess entsteht.

2. Auch EU-Stress ist Stress und kann ganz schnell in DIS-Stress umschlagen (siehe oben ´Stressarten´). Da Sie dies wissen, gilt es zunächst die positiv aktivierend wirkenden Elemente von EU-Stress bewusst zu nutzen. `Bewusst´ inkludiert hier einen klaren Innenblick, meint ein achtsames Verhalten. Dies zeigt sich z.B. darin, dass Sie Ihre ´inneren Antreiber´ als Mitglieder Ihres ´Inneren Teams´ als geistiges Oberhaupt voll im Blick haben (´Würdigen´ derer Energie). Dieses ´im Blick haben´ gelingt am ehesten in willentlich festgelegten und eingehaltenen Unterbrechungen im z.B. berufsbezogenen Tätigkeitsvollzug. Pausen bieten sich bei allen Tätigkeiten z.B. nach dem Erreichen von Zwischenzielen an. Das heißt, bei all den von Ihnen in Ihrem ´Machtbereich´ durchgeführten Aktivitäten planen Sie bewusst Zwischenziele mit anschließenden Pausen zum Entspannen ein, z.B. Kaffee oder Tee trinken mit einem kleinen Imbiss, eine kurzzeitige Bewegungsphase mit einer Atemübung, ein Spielen mit den Kindern, einen kurzen Einkauf.
   Sie sehen, die zwei anderen Elemente oben: Wille und Disziplin, eröffnen erst die Chance auf eine Zeiträume überdauernde Begeisterung im Sinne einer hohen intrinsischen Motivation; dies umfasst sowohl den beruflichen wie privaten Bereich.

⇨ *Wille* *ein starker Antreiber mit positiven und kritischen Anteilen*

´Wille´ wird in der Literatur als „die Bereitschaft, sich allgemein zur Ausführung einer Handlung zu entscheiden" (Cordero) definiert. Er ist eng mit dem Verwirklichen eines Ziels sowie den Konstrukten Selbstregulation und Selbstkontrolle verbunden (Hartmann Kuhl).

"Ich will ...!" ist oft verbunden mit Vorsätzen z.B. an Neujahr, für ein neues Lebensjahr. Haben Sie von Ihnen gefasste Vorsätze schon umgesetzt oder durchgehalten? - Ich habe mit mir schon so manche ernüchternde Erfahrung gemacht. - Was meint Gandhi mit ´Wille´? Offensichtlich ist ´Wille´ für ihn mehr als ein Vorsatz. ´Wille´ hat nach Gandhi zum einen etwas mit zielgerichter Geduld, mit Beständigkeit und ´Dranbleiben´ und

zum anderen mit Verantwortung für sich und andere zu tun. ´Wille´ in diesem Sinne ist etwas Positives.
´Wille´ hat wie Vorsatz zwar ein Ziel, jedoch ist er irgendwie anders ´unterfüttet´, d.h. beruht auf einem breiteren und tieferen geistigen Fundament. ´Wille´ weist Bezüge zu ´Begeisterung´ auf. ´Wille´ stammt aus dem Intentionsgedächtnis, wird also unter Nutzen allen verfügbaren Wissens und Könnens generiert. Er bezieht jedoch dem Bewusstsein zugängliche, weil erinnerbare Elemente des Extensionsgedächtnisses mit ein.
´Wille´ intendiert ähnlich einer Vision ein Bewegen auf ein Ziel zu; nur ist das Ziel von ´Wille´ konkreter, i.d.R. eine Art Zielrahmen, der mit hoher Wahrscheinlichkeit bei entsprechendem persönlichen Einsatz auch realistisch erreicht werden kann. Ein konkretes Ziel innerhalb des Zielrahmens konkretisiert sich ggf. mit der Zeit bzw. während des Weges in Richtung des Zielrahmens.
Ein oder der ´Weg´ zu einem Zielrahmen und dann dem gewählten Ziel, erfordert eine besondere innere Haltung, diejenige des kontinuierlichen Dranbleibens; sprich einer inneren ´Disziplin´. Insofern sind auch ´Wille´ und ´Disziplin´ aufeinander bezogen.
Soll ´Wille´ also tragend wirken, dann erfordert sein ausgelöster Energieeinsatz auch ´willentliche´ Entscheidungen zu entspannenden Pausen (siehe oben), was nur mit einem disziplinierten Handeln gelingen kann.

Kritisch, weil meist zerstörend ist ´Wille´ dann, wenn er sprichwörtlich „über Leichen" zu gehen bereit ist. ´Wille´ bewirkt hier verantwortungsloses, z.B. an kurzfristigem, persönlichem Erfolg oder ´Machtausüben´ orientiertes Handeln, wobei oft gültige Regeln missachtet werden. Für ein Handeln vor allem in sozialen / pädagogischen Berufsfeldern ist dieser Art von ´Wille´ kontraproduktiv und lässt keine stimmigen, förderlichen Interaktionen zu; denn individuell förderliche, weil tragfähige Beziehungen beruhen auf gegenseitigem Vertrauen. Letztlich schadet diese ´Willensausübung´ dem dies Praktizierenden. Oft ist oder wird eine solche Person in irgendeiner Form krank.

Disziplin *das Beherrschen des eigenen Willens, der eigenen Gefühle und Neigungen, um etwas zu erreichen* (Duden)
Damit beinhaltet sie die Fähigkeit sich auf gegenwärtige Ziele zu konzentrieren ohne abgelenkt zu werden. Genauer umfasst diese Fähigkeit auch den Faktor Gewissenhaftigkeit d.h. den Willen, Zeit und Engagement (Ausdauer) für das Erledigen einer Aufgabe im Hinblick auf ein selbst

ausgewähltes Ziel einzusetzen und Aufgaben systematisch anzugehen (effektive Selbstregulation). Desgleichen beinhaltet ein diszipliniertes Verhalten die Konstrukte Fleiß, Strukturiertheit, Verantwortung, Aufschubverhalten, Kontrolle, Vorsicht und Aufgabenplanung. Ein sich diszipliniert verhaltender Mensch steuert z.B. seine Aufmerksamkeit, Anstrengung, Handlungsstrategien, Emotionen. Er besitzt die Fähigkeit zu Selbstdisziplin um eines von ihm angestrebten Zieles willen.

Damit ein Mensch auch über einen längeren Zeitraum selbstdiszipliniert an einer Aufgabe arbeiten kann, muss er sich selbst gut kennengelernt und auch gelernt haben, mit sich selbst im Blick auf eine sich stellende Herausforderung klar zu kommen. Damit beruht die Fähigkeit zur Disziplin auf einer effizienten, d.h. situativ passenden Selbststeuerung und eine solche lässt sich durch oben genannte Ansätze und Übungen wesentlich stärken.

In den folgenden Teilkapiteln sollen an handlungsleitenden Beispielen aus dem pädagogisch-schulischen Berufsfeld je Umsetzungsideen für ein achtsames Handeln vorgestellt werden.

7.1 Planen und ´Dranbleiben´

An verschiedenen Stellen wurde schon die Bedeutung der eigenen Vorstellung darüber angesprochen, was Ihnen sowohl im beruflichen und/oder privaten Bereich besonders wichtig ist: Konkret, was sind Ihre tragenden, ganz individuellen, maßgeblichen Leitsätze und darauf bezogene grundsätzliche, allgemeine Ziele? - Am besten notieren Sie dies in einer ruhigen Stunde auf einem Blatt Papier. -

Daraus ergeben sich nun Fragen wie zum Beispiel:

- Welche Folgerungen ergeben sich aus meinen Leitsätzen bzw. grundsätzlichen Zielen?
- Was kann / muss ich dafür tun, dass ich meinen Leitsätzen bzw. grundsätzlichen Zielen näher komme?
- In welchem Zeitrahmen muss ich realistischer Weise denken und bin ich bereit / in der Lage das Ziel so lange im Auge zu behalten und geduldig und konsequent anzustreben?
- Liegen zu treffende und umzusetzende Entscheidungsbereiche in meinem unmittelbaren, allein von mir gestaltbaren Wirkungsfeld (Machtbereich)?
- Welche Ressourcen stehen mir in welchem Umfang bzw. über welche Zeiträume zur Verfügung (persönliche, berufliche, private und soziale Ressourcen).
- Was muss bedacht, wer einbezogen werden, um einen möglichst breiten eigenen Handlungsrahmen erreichen zu können?

- Welche Zwischenschritte (Teilziele) sind aus jetziger Sicht vorzusehen und mit hoher Wahrscheinlichkeit auch zu bewältigen?
- Welche Auswirkungen hat meine Entscheidung für mich, meine Partnerin bzw. meinen Partner, meine private bzw. berufliche Umgebung?
- Wo gibt es ´Knotenpunkte´, an denen eine getroffene Entscheidung mit Blick auf das Ziel nochmals überprüft werden muss, um ggf. modifizierende Maßnahmen zu ergreifen? Sind davon auch Dritte betroffen; wie beziehe ich diese in die geänderte Lage ein?
- Welchen ersten Schritt (siehe Rubicon-Modell) muss ich gehen, um den von mir intendierten Prozess zu beginnen?
- Welche Schritte sind danach baldmöglichst einzuleiten und konsequent, bedacht durchzuführen?

usw.

Diese Fragen sollen Ihnen eine Vorstellung dafür vermitteln, was zwar intiutives und zugleich realitätsnahes zielbewusstes Begeistertsein auslöst, jedoch mehr erfordert, wenn es um ein mit Wille und Selbstdisziplin zu beginnendes eigenes Vorhaben geht. Sowohl die Fragen als auch zu treffende Maßnahmen müssen sicher an Ihre spezifische Persönlichkeit und die je individuelle Situation angepasst oder ergänzt werden.

7.2 Ritualisierte ´Ankerpunkte´ im Arbeitsalltag

Um ein vermehrt achtsames Handeln geht es ganz konkret in diesem Teilkapitel. Im Arbeitsalltag kann ein Ritualisieren von ´Ankerpunkten´ im Tagesablauf hilfreich sein z.B. bei einer Tätigkeit im pädagogisch-schulischen Berufsfeld. Dies soll das folgende Beispiel anregen:

Ritual am Morgen zuhause:
Sie sehen ca. 15 Minuten zur körperlichen Aktivierung vor: Leichte Bewegungen von Armen, Beinen und Rumpf; kurze Dehn- und leichte Kraftübungen (z.B. Hatha Yoga-Kurzübungen); Duschen; Anziehen; Frühstücken; die Tagesstruktur kurz andenken; Gang oder Fahrt zur Arbeit, um dort ca. 15 Min. bis. 20 Min. in Ruhe vor Beginn des Arbeitstags anzukommen.

Ritual am Morgen an der Arbeitsstelle:
Ankommen (Fenster in der Nähe des Sitzplatzes im Lehrerzimmer öffnen; an den ´Stammplatz´ sitzen und zwei drei Mal tief durchatmen); richten der Materialien für diesen Arbeitstag (z.B. Nach Fächern einordnen von Arbeitsblättern in einen Ordner mit Falttaschen, Anfertigen von Kopien.);
Sichten des heutigen Stunden- bzw. Terminplans; sofern ein Computer zur Verfügung steht, Checken von dienstlichen Mails; Arbeitsstruktur für den Tag

bei Vertretungsstunden anpassen; Unterlagen für anstehende Schüler- oder Elterngespräche zurechtlegen, usw.

Ritual innerhalb des Tages:
Bewusst immer wieder kurze (ca. 2 - 3 Min,) ′Pausen′ in jeder Unterrichtsstunde vorsehen, währenddessen die Lernenden selbständig arbeiten, dabei Lernende beobachten, bewusst Atmen; in den großen Pausen mindestens ein Drittel davon ruhig am Platz sitzen oder herumgehen, kurze Atemübung, z.B. ′Schnellatmen′; etwas Trinken (mindestens 750 ml. am Vormittag) und leicht Verdauliches essen.

Ritual am Arbeitsende in der Schule:
Aufräumen des Sitzplatzes; Blick in den Terminkalender (Was ist für morgen noch zu erledigen?); Anfertigen von Kopien für den nächsten Tag (Ablage im eigenen Fach des Lehrerzimmerschranks oder einer Tischablageschale); im Aushang nach einem Vertretungsplan schauen; Bestücken der Schultasche (zu korrigierende Arbeiten, durchzusehende Arbeitshefte, usw.); ggf. kurze Absprachen mit Kolleginnen / Kollegen für den/die nächsten Tag(e); den nächsten Arbeitstag kurz reflektieren (Alles soweit vorbereitet, was jetzt erforderlich ist?); ggf. Notizen ins Beobachtungsheft machen.
Gang oder Fahrt nach Hause.

Rituale zu Hause:
Nach dem Ankommen etwas Trinken (z.B. Stilles Wasser); Kommunikation z.B. mit Familienmitgliedern; eine leichte Mahlzeit einnehmen; sich ca. 15 Min. in ruhiger Atmosphäre Bewegung verschaffen (z.B. Gymnastik, Rücken- oder leichtes Krafttraining (Atemübungen));
Arbeitsbeginn: Zu Erledigendes aus der Schultasche entnehmen und auf dem Schreibtisch ordnen; nach Prioritäten die zu erledigenden Arbeiten ordnen; was rasch erledigbar ist erledigen (2- oder 5-Minutenregel); Stoffverteilungspläne einsehen: Beginn mit den Tagesvorbereitungen für den nächsten Tag (Kurzstundenvorbereitungen), Besonderheiten für bestimmte Lernende aussuchen / erstellen;
- Kurzpause (ca. 5 Min.) -
zeitlich nahe neue Unterrichtseinheit(en) strukturieren (Kompetenzen (u.a. Lernziele) Ablauf, Kerninhalte, Methoden, Materialien, usw.) entwerfen, zusammenstellen, bereitlegen (ggf. fürs Kopieren am nächsten Tag in die Schultasche stecken); Notizen für den nächsten Tag / die nächsten Tage machen; PIN-Wand aktualisieren;
- längere Pause (ca. 15 Min.; Essen, Trinken, kurz bewegen) -
Beginn mit Korrekturarbeiten (Was rasch erledigt werden kann zuerst.).

Vorbereiten des Arbeitsendes zu Hause:

Den vergangenen Arbeitstag kurz vor dem ´inneren Auge´ revue passieren lassen (ca. 10 Min. bis 30 Min.):

- Was habe ich bearbeitet / abgeschlossen (erledigt)?
- Was ist mir leicht gefallen, wo habe ich mich schwer getan?
- Was ist mir gelungen (welche Fähigkeiten konnte ich dabei einsetzen)?
- Wobei habe ich Fehler gemacht?

- Wie kann ich meine Kenntnisse bzw. Fähigkeiten ausbauen?
- Kurznotiz (persönliche To-do-Liste).

- Wie bin ich mit meinen Unzulänglichkeiten mental umgegangen?

- Kurznotiz (Reflexion „ruhiger Moment“)

- So gut wie möglich mentales Abschließen und Verabschieden des örtlich schulischen Teils des Arbeitstages.
- Freizeit genießen, gestalten, z.B. Hobby ausüben, mit der Familie zusammensein oder etwas unternehmen.

Bei dieser Reflexionsarbeit lernen Sie aktiv am Gewesenen, an den gemachten Erfahrungen, nehmen nochmals bewusst Ihre in der jeweiligen Situation aufgetretenen Körpersignale und Ihre „inneren Mitarbeiter“ wahr, lächeln vielleicht über die eine oder andere Ihrer Aktionen, setzen eine grimmige Miene bei gemachten Fehlern oder festgestellten Unzulänglichkeiten auf, „hauen“ dabei vielleicht auch Mal „auf den Tisch“ (Der „innere Mitarbeiter“, Ihre Emotion, will gesehen und gewürdigt werden.).
Dieser Rückblick kann mental anstrengend sein, ist jedoch für Ihre eigene Psychohygiene ungemein wichtig; denn so haben Sie eine Chance eher Ihren inneren Frieden mit dem durchlebten Arbeitstag zu machen und entspannter in die Nacht zu kommen.
Dies kommt Ihrem ebenso wichtigen und zu gestaltenden Privatleben zugute, das Sie sich mit Ihrem konzentrierten, oft anstrengenden, weil alle verfügbaren Energien einfordernden, engagiert geplanten und gestalteten Arbeitseinsatz redlich verdient haben. Philosophisch betrachtet: Nehmen Sie diesen vergangenen Arbeitstag mit allen seinen Höhen und Tiefen mit einer Haltung der Demut als Geschenk des Lebens an Sie an, würdigen Sie die gemachten Erfahrungen als Lern- und geistige Wachstumsangebote.
Sind Sie auf dem Weg eine solche Haltung zu entwickeln? Vielleicht erproben Sie bereits Ansätze davon, dann bin ich mir sicher, dass Sie bei allen beruflichen oder privaten Herausforderungen Ihre innere Balance immer wieder erreichen können, was sich sehr förderlich für Ihre Gesundheit und insgesamt auf Ihre Lebensgestaltung auswirken wird. (de Jong; Lernen und Lehren mit Freude und Kompetenz)

7.3 Achtsames Umgehen mit der eigenen Zeit

In den meisten pädagogischen Berufsfeldern (z.B. Kinderkrippe, -garten; Hort; Schule) gibt es Präsenzzeiten, in denen gemäß eines Arbeits- oder Stundenplans Anwesenheits- und Dienstpflicht besteht. Außerhalb dieser verbindlichen Zeiten kann die dann anfallende Arbeitszeit frei eingeteilt werden. Auch in den für die Kinder und Jugendlichen anberaumten Ferien sind für die Beschäftigten ´Arbeitszeiten´ bis auf die gesetzlich oder tarifvertraglich festgelegten Urlaubszeiten. Meist überlässt es der Träger einer jeweiligen Organisation den dort Tätigen, wie sie berufsbezogen verantwortungsvoll mit dieser Zeit umgehen. Gerade bei vordergründig frei zur Verfügung stehender Zeit ist es in pädagogisch-schulischen Berufsfeldern wichtig, diese Zeitressource achtsam sowohl zur gezielten Erholung als auch zum Vorwegnehmen sowieso später anfallender Arbeiten zu nutzen, um späterem Zeitdruck vorzubeugen. Für Fach- und Lehrkräfte an Schulen ist dies eine sehr wertvolle, weil hinsichtlich der Arbeiten frei einteilbare Zeit. Sie sollte genutzt werden, um durch entsprechende Vorarbeiten z.B. die nachfolgenden Arbeitswochen entspannter gestalten zu können.

Zum einen dienen diese ´Zwischenferien´ dazu das je eigene Materialarchiv zu pflegen und zu aktualisieren. Zum anderen wird diese Zeit benötigt zur strategischen Unterrichtsvorbereitung.

Eine Strategische Unterrichtsvorbereitung umfasst zwei Elemente:

(A) Strategischer Stoffverteilungsplan fürs gesamte Schuljahr. Dieser wird in den letzten zwei Wochen der ´Großen Ferien´ erstellt. Bei Langfächern (D; M; E; usw.) wird alle vier bis sechs Wochen eine ´Sonderwoche´ vorgesehen, in die keine neuen Inhalte eingetragen werden. Die A-Planung umfasst:

- Überblickartiges Sichten der mit den Lernenden anzustrebenden Kompetenzen sowie der zugeordneten Lerninhalte;
- Kursorisches Einlesen z.B. in Lerninhalte der Sachfächern;
- Bündeln von Kompetenzen und Lerninhalten zu zusammenhängenden, größeren Lerneinheiten;
- Sichten des passenden, eigenen Materialpools. Sichten von externen, verfügbaren Materialien und Medien (Notizen);
- Untergliedern der Lerneinheiten in Lernsequenzen mit zugeordneten Methoden (Stichworte, Methodenpool);
- Erstellen eines passenden, gegliederten Rasters für das Zuteilen von Wochen, Kompetenzen, Lerninhalte, Methoden, Medien, Arbeitsmate-

rialien, usw. (Hilfreich ist ein Arbeiten am Computer mit einem Programm, das ein flexibles Tabellenlayout ermöglicht.)

- Zuordnen der Kompetenzen, Lerneinheiten und Lernsequenzen, zu den Schulwochen. Vermerken von Terminen der Lernkontrollen.

(B) Strategischer Stoffverteilungsplan für je ein Vierteljahr (zwischen den kurzen Ferienabschnitten). Dieser, detailiertere Plan wird in den kurzen Ferienabschnitten erstellt. Es wird dasselbe Raster wie bei (A) benutzt. Wurde der A-Plan am Computer erstellt, so wird das Raster mit den Einträgen als neue Datei mit neuem Namen gespeichert und anschließend wieder zum Bearbeiten geöffnet. Im B-Plan findet ein detaillierteres Ausarbeiten der Planung statt. Die Lerneinheiten werden in ihrem wesentlichen Kern ausgearbeitet. Dies umfasst:

- Genaueres Einlesen in die von den Lernenden zu erwerbenden Kompetenzen und Lerninhalte im kommenden Vierteljahr (Vermerken zentraler Begriffe und inhaltlicher Bezüge);
- Präzisieren der Kompetenzen und Lernsequenzen sowie zugeordneter Methoden (Vermerken von Differenzierungen);
- Zuordnen und Vermerken angedachter, verfügbarer Materialien; ggf. Hinweise auf erforderliches Bestellen beim regionalen Medienzentrum, Notizen zu Differenzierungsmaterialien;
- Genaues Zuordnen der Lernsequenzen (Kompetenzen, Inhalte, Methoden, Materialien, usw.) zu den Schulwochen;
- Präzisieren ggf. der ´Sonderwochen`;

Auf der strategischen B-Planung aufbauend erfolgt das Planen von gesamten Lerneinheiten mit ggf. einer kurzen didaktisch-methodischen Analyse. Um flexibler zu sein, ist hier ist ein bausteinartiges Vorgehen sinnvoll. Je nach Fach umfasst ein solches Planen auch mehrere Wochen. Dieses Planen von Lerneinheiten, die mehrere Lernsequenzen umfassen können, findet zwischen den kurzen Ferienabschnitten an passenden Wochentagen, u.a. samstags, statt:

- Jetzt erfolgt ein genaues Untergliedern der Lerneinheit in Lernsequenzen mit konkret zu erreichenden Kompetenzen und Lerninhalten bei dazu passenden Methoden, ggf. auch mit Alternativen bezogen auf die jeweilige Lerngruppe.
- Dann erfolgt ein Unterteilen jeder Lernsequenz gemäß entsprechender didaktischer Gliederung (z.B. Einstieg, Erarbeiten, Durcharbeiten, Sichern) und zugehöriger Ziele (Arbeitseinheit), sowie konkretes Zuordnen von Materialien oder Modifizieren derselben bzw. passendes Neuentwerfen.

- Entwurf einer strukturierten Visualisierung von zentralen Sachverhalten, Begriffen.

Eine Lernsequenz sollte idealerweise auf höchstens ein DIN A5-Blatt passen.

Diese Dokumentation dient dem späteren Reflektieren des Lern- und Arbeitsverlaufs sowie ggf. dem Modifizieren der folgenden Lernsequenzen.

Fürs eigene Materialarchiv werden die Strategischen Planungen (A) und (B) sowie die eingesetzten bzw. ergänzend gefundenen Materialien zusammen mit den Ideen sowie die Reflexion aufgenommen (z.B. in einer Hängeregistraturmappe). So erweitert sich der individuelle Ideen- und Materialpool, was zukünftige Planungen wesentlich erleichtert.

Gehen Sie in der genannten Weise vor, erlangen Sie nicht nur grundlegende Einblicke in unterrichtsrelevante Sachverhalte und ihre Zusammenhänge, sondern erfahren bzw. erwerben mit der Zeit ein breites, grundlegendes Wissen in den jeweiligen Fachgebieten. So können Sie auch fachliche Veränderungen rasch erkennen und in Ihr Wissenssystem eingliedern, bleiben also immer aktuell und gut informiert.

Das oben dargestellt Strategische Planen weist noch eine sehr positiv Komponente auf: Die Erfahrung der Fähigkeit zur Selbstregulation und damit der eigenen Selbstwirksamkeit. Dies ist eine von Ihnen selbst aufbau- und gestaltbare Ressource und wirkt stärkend auf das Empfinden beruflicher Kompetenz, was auch bei situativen ´Durststrecken´ psychisch stabilisierend trägt.

7.3.1 Strategisch Informationen gewinnen, ordnen und verarbeiten

In diesem Teilkapitel erfahren Sie an Beispielen, was Sie genauer tun können, um gezielter, zeitlich ökonomischer und daher effizienter mit der sowohl im privaten wie vor allem im beruflichen Bereich vorhandenen Informationsflut umgehen zu können. Auch das gehört zu einer achtsamen Haltung dazu.

Im letzten Teilkapitel beim Thema ´Strategischer Stoffverteilungsplan´ lasen Sie mehrfach die Begriffe ´Sichten´, ´kursorisches Lesen´ o.Ä.. Dieses Vorgehen, das ich selbst über Jahre als sehr hilfreich, weil ökonomisch, empfunden und daher eingesetzt habe, ermöglicht es, achtsam mit der eigenen (Arbeits-) Zeit umzugehen. Zu Beginn erfordert es einen etwas höheren Einsatz, ein in stärkerem Maße selbstdiszipliniertes Verhalten beim Planen und Praktizieren. Auf mittlere und vor allem längere Sicht wirkt es zunehmend mehr zeitsparend und macht konstruktiv gelassener.

Die gleich zu Beginn zu treffende Entscheidung betrifft ein sowohl sach-, fach- wie personbezogen praktikables Ordnungssystem. Ich selbst präferiere für Papiermaterialien eine Hängeregistratur (farbige Taschen, Themenreiter) bzw. ein computerbasiertes Dateisystem mit thematischen Ordnern sowie zugehörigen Unterordnern (Ordnerhierarchie maximal fünfstufig) für im Internet recherchiertes Material. Alle aufbewahrungswürdigen Materialien vor allem Fachartikel, Exzerpte, Abstracts, Ideen (fachlich, didaktisch und methodisch), Stoffpläne, Arbeitsblätter, Übersichten (z.B. thematische Mind-Maps, Struktur- und Tafelbilder) Unterrichtsbausteine, usw. werden archiviert, sodass rasch auf sie zugegriffen werden kann.

´Sichten´ bedeutet, dass zu einem bestimmten Thema alle verfügbaren Materialien in Augenschein genommen und nach ihrer Relevanz geordnet werden. Nur die tatsächlich fürs Thema relevanten Dinge ´wandern´ in die oberste Priorität ´Wichtig´!, z.B. ganz vorne in die thematische Hängeregistraturmappe bzw., so Ihnen möglich, in die für dieses Schuljahr angelegte Ablage.

´Kursorisches Lesen´ bedeutet, dass zu einem Thema, dessen wichtigste Begriffe und sachstrukturelle Zusammenhänge herausgelöst und i.d.R. notiert sind, diese in einer Mind-Map oder einem Strukturbild visualisiert festgehalten werden.

Hilfreich für ein ´kursorisches Einlesen´ sind vor allem Fachbücher in Form von fächer- und schulstufen bezogenen Gesamtwerken, die von verschiedenen Verlagen angeboten werden. Häufig enthalten diese auch eine CD / DVD o.Ä., die den gesamten Buchinhalt umfasst oder erlauben mit einem Passwort den Zugang zum online verfügbaren Gesamttext oder zusätzlichen Materialen. Diese Gesamtwerke sind auch für die weitere, spezifischere Vorbereitungs-arbeit hilfreich.

´Kursorisches Lesen´ erfolgt auch bei Fach- oder Sachbeiträgen in einschlägigen Zeitschriften oder fachlich stimmigen Informationsmaterialien im Internet. Bei Ersterem empfiehlt es sich, die wesentlichen Aussagen und Hinweise in einem Exzerpt festzuhalten sofern beim Artikel selbst kein Abstract (Zusammenfassung) vorhanden ist. Bietet eine Fachzeitschrift auch Ideen oder Materialien für eine thematische Unterrichtssequenz an, werden diese entweder kopiert oder falls die Zeitschrift selbst abonniert ist, herausgelöst und thematisch passend in der Hängeregistratur abgelegt. So kann das spätere Suchen in einem Zeitschriftenstapel entfallen.

Thematisch relevante, fachlich gesicherte Informationen aus dem Internet werden hinsichtlich zentraler Aussagen durchgesehen, in der Textverarbeitung oder im PDF-Format farblich unterlegt und dann im entsprechenden thematischen Ordner abgespeichert. Sind Abstracts vorhanden, werden diese ausgedruckt, der Ablegeordner vermerkt und in der entsprechenden thematisch passenden Hängeregistermappe abgelegt. Thematisch passendes Arbeitsmaterial wie z.B. Arbeitsblätter oder Teile davon sollten zunächst digital gespeichert, jedoch mit einem Hinweisblatt in der passenden Hängeregistraturmappe abgelegt sein. Das Arbeiten mit digitalisiertem Material weist den Vorteil auf, dass Sie daraus rasch selbst Anpassungen vornehmen und diese dann auch speichern können. Auch können Sie mit Textverarbeitung und Grafikprogramm zu einzelnen Themen leicht immer wenn Sie ´Luft haben´ Teilelemente, sogenannte ´Bausteine´, auch in differenzierter Form entwerfen, rasch anpassen, abspeichern und so zeitnah passend einsetzen. Auf diese Weise erweitern sie nach und nach einen aus Ihren Ideen und Erfahrungen gewachsenen Materialpool.

Wichtiger Hinweis: *Arbeiten Sie vorwiegend am PC und speichern Sie auch Ihre Materialien dort, dann speichern Sie bitte zumindest wöchentlich Ihre gesamte Materialablage auf mindestens drei verschiedenen Speichermedien, mindestens eines davon sollte nur zum Abspeichern mit dem Computer verbunden werden (Sicherungspeichermedium).*

8 Anhang

Auswertungsbogen zum Heidelberger Burnout-Test (BOT)

Teil	Kurzbezeichnung	o ● □ ◊ ■
1	Bildungs- und schulpolitisches Engagement	....
2	Pädagogische Vorstellungen	....
3	Leistungen der Schüler	....
4	Unterrichtsvorbereitung und -planung	....
5	Nutzung der Unterrichtszeit	....
6	Unterrichtsplanung und Flexibilität	....
7	Methodenwahl und Schülerbeteiligung	....
8	Medienwahl und -einsatz	....
9	Wahl der Sozialformen	....
10	Differenzierung und Individualisierung	....
11	Disziplinierungstechniken und Strafen	....
12	Klassenarbeit und Korrekturen	....
13	Außerunterrichtliche Aktivitäten	....
14	Zusammenarbeit mit Eltern	....
15	Verhalten im Kollegium	....
16	Interesse an Fachliteratur	....
17	Besuch von Fortbildungsveranstaltungen	....
18	Nebentätigkeiten / Häusl. Verpflichtung	....
19	Berufs- und Privatleben	....
20	Psychosomatische Beschwerden	....
		o ● □ ◊ ■
	Einzelsummen der angekreuzten Symbole:	....

Zur Berechnung ihres persönlichen Burnout-Quotienten (BOQ) multiplizieren Sie bitte die Einzelsummen mit den nebenstehenden Faktoren. Anschließend teilen Sie die ermittelte Gesamtsumme durch 20:

o x 1 =
● x 2 =
□ x 3 =
◊ x 4 =
■ x 5 =

Gesamtsumme : 20 = **(BOQ)**

(Becker/Gonschorek)

Aronson-Test zur individuellen Belastungsanalyse

„Bitte beantworten Sie nach der folgenden Skala, ob Sie

niemals	ein-zweimal	selten	manchmal	oft	meistens	immer
1	2	3	4	5	6	7

1. bekümmert sind,	
2. sich wertlos fühlen,	
3. über andere verärgert oder enttäuscht sind,	
4. sich zurückgewiesen fühlen,	
5.sich optimistisch fühlen,	
6. sich tatkräftig fühlen,	
7. sich hoffnungslos fühlen,	
8. Angst haben,	
9. sich gefangen fühlen,	
10. sich schwach und hilflos fühlen,	
11. sich abgearbeitet fühlen,	
12. unglücklich sind,	
13. „erledigt“ sind,	
14. „ausgebrannt“ sind,	
15. emotional erschöpft sind.	
16. glücklich sind,	
17. sich niedergeschlagen fühlen,	
18. einen guten Tag haben,	
19. körperlich erschöpft sind,	
20. sich ausgelaugt fühlen.	
Summe:	

Ihren persönlichen Überdrussquotienten ermitteln Sie, indem Sie das Ergebnis durch 20 teilen. - Der Wert zeigt an, in welchem Stadium des Stress Sie sich befinden. Ein Wert zwiwchen 3 und 4 gilt als Hinweis auf ´Überdruss´, wogegen Sie unbedingt etwas untenehmen müssen. Liegt der Wert höher als 5, dann ist die Krise akut; Sie benötigen Hilfe.“ (Aronson et al.)

Hinweise wider den Stress, eine Art Checkliste

1) „***Achtsamkeit für sich selbst entwickeln:*** Wie geht es mir? (d.h. Verhaltensweisen und Symptome wahrnehmen, die Stress signalisieren; freundlicher und behutsamer mit sich selbst und mit den eigenen Grenzen umgehen)
2) ***Für Rückmeldungen offen sein:*** Wie erleben mich die anderen? (Überprüfung ob Selbst- und Fremdwahrnehmung übereinstimmen)
3) Klarheit gewinnen: Was will ich? (Aus der Selbst- und Fremdwahrnehmung erwächst Klarheit über die eigene Person und die Frage, was kann bestehen, was will ich verändern?)
4) ***Verantwortlich handeln:*** Wofür bin ich zuständig, was kann ich tun? (Übernahme von nicht zustehender Verantwortung überfordert, Abgabe von Verantwortlichkeit, die einem nicht zusteht, befreit)
5) ***Loslassen:*** Was bindet mich zu sehr, wovon kann ich mich befreien? (Loslassen heißt, immer mehr mit sich und den eigenen Grenzen zurechtkommen, nicht überall mitmischen zu müssen)
6) ***Mit Grenzen leben:*** Was steht mir zu? (Akzeptierte Grenzen bedeuten Entlastung und Befreiung von Überforderung)
7) ***Meditative Haltung anstreben:*** Was gibt mir innere Ruhe? (Loslassen und Grenzen akzeptieren sind Schritte auf dem Weg zur eigenen Mitte; diese zu finden, bedeutet, mit sich selbst förderlich umzugehen, zu sich zu finden, in sich selbst zu ruhen und sich den Abhängigkeiten zu entziehen)
8) ***Oasen aufsuchen:*** Was tut mir gut? (Wie komme ich zur Ruhe. Wo kann ich Kraft schöpfen?)
9) ***Vorbeugende Maßnahmen ergreifen:*** Wie kann ich Belastungen vermeiden? (Hier geht es darum, Voraussicht über die Entwicklung von Situationen zu gewinnen, auszuwählen, zu delegieren, Wichtiges von Unwichtigem zu trennen und zu lernen, sich z.B. durch Entspannung auf belastende Situationen einzustellen)
10) ***Sich mental vorbereiten:*** Was kommt auf mich zu? (d.h. sich fragen, wie werde ich mich verhalten? Wie geht es mir dabei? Wie möchte ich reagieren? Was bringe ich an Einstellungen, Gedanken, Gefühlen mit?)
11) ***Veränderungen bei sich beginnen:*** Wo fange ich bei mir an? (Manche Menschen sind dauernd unglücklich, weil die anderen sich nicht oder zu wenig (ver)ändern; besser ist es, bei sich selbst anzufangen)
12) ***Entspannungsmöglichkeiten suchen:*** Wie kann ich mich entlasten?
13) ***'Im Augenblick' leben:*** Was ist jetzt für mich bedeutsam (d.h. nicht immer an Vergangenes denken und sich um Zukünftiges sorgen; die Energie, die darauf verwendet wird, fehlt bei der Bewältigung der Gegenwart)." (siehe Miller)

Progressive Muskelentspannung - Hilfen fürs Training

„*Wie oft üben?*
Wenn Sie jetzt mit Ihren ersten Entspannungsübungen beginnen, sollten Sie keinen Leistungsdruck auf sich ausüben. Kein Meister fällt vom Himmel, erwarten Sie also nicht schon nach den ersten Übungen, dass Sie sich perfekt entspannen können. Konzentrieren Sie sich zu Beginn nur auf Ihre Empfindungen beim Anspannen und beim Entspannen. Es hat sich gezeigt, dass ein zweimaliges Üben pro Tag angebracht ist.

Wann? Zu welchem Zeitpunkt üben?
Es ist hilfreich, zu relativ ruhigen und ungestörten Zeiten am Tag zu üben, wenn möglich immer zur gleichen Tageszeit. Achten Sie darauf, dass Sie nicht durch die nächste Therapie oder einen anderen Termin in Zeitnot geraten, das würde dem Erlernen der Entspannung deutlich im Wege stehen. Welche Kleidung? Wählen Sie eine Kleidung, die bequem ist und Sie beim Üben nicht beengt.

Welche Körperhaltung?
Wählen Sie zum Üben eine sitzende Körperhaltung, in der bei Ihnen so wenig Spannung wie möglich erzeugt wird. Das Üben im Sitzen bringt anfänglich nicht so schnell Erfolge wie das Üben im Liegen, erleichtert Ihnen jedoch das Einsetzen der Entspannung im Alltag.

Welchen Text?
Wenn Sie alleine üben, sagen Sie sich den Text in Gedanken vor. Es spielt keine Rolle, in welcher Reihenfolge Sie die Muskelgruppen durchgehen. Sie können nichts falsch machen, wenn Sie das Prinzip der drei Phasen der Muskelentspannung - (1) das Anspannen der Muskeln, (2) das Halten der Spannung und (3) das Entspannen der Muskeln - beachten. “ (Fiedler)

Yoga - Augenschulung

Viele Menschen müssen heute immer öfter über eine längere Zeit lesen oder am Bildschirm arbeiten. Beides ist eine einseitige Belastung für die Augenmuskeln, was zwar individuell unterschiedlich ist, jedoch mittel- bis langfristig zu einem Beeinträchtigen des Sehvermögens führt.
Zudem sollte bei häufiger Bildschirmarbeit der Blauanteil der Bildschirmbeleuchtung, der an den Augen ankommt gesenkt werden. Dies kann, sofern es das Gerät bzw. der zugehörige Computer zulässt über eine dortige Einstellung erfolgen oder durch eine spezielle Brille erreicht werden, die es in Optikgeschäften oder im Versandhandel gibt.
Wer eine Tätigkeit mit viel Lese- und/oder Bildschirmarbeit verrichten muss, kann auch in kürzeren Pausen einige Übungen mit den Augen machen, die die Augenmuskulatur stärken. Hier eine Auswahl an Möglichkeiten:

Augenübungen *(Der Kopf ist immer bewegungslos!)*

(1) „Augen öffnen. Nach rechts schauen; dann nach links schauen: Dies etwa 4-8 Mal auf jeder Seite wiederholen. Anschließend Augen schließen und entspannt ´in die Augen atmen´.

(2) Augen öffnen. Nach oben schauen; nach unten schauen: Dies 4-8 Mal wiederholen. Anschließend die Augen schließen und entspannt ´in die Augen atmen´.

(3) Augen öffnen. Nach rechts oben schauen; nach links unten schauen: Dies 4-8 Mal wiederholen. Anschließend Augen schließen und entspannt ´in die Augen atmen´.

(4) Augen öffnen. Nach links oben schauen; nach rechts unten: Dies 4-8 Mal wiederholen. Anschließend Augen schließen und entspannt ´in die Augen atmen´.

(5) Augenkreisen (a): Nach oben schauen. Einen weiten Kreis nach rechts... nach unten; nach links... und wieder nach oben. Dies 4-5 Mal in jede Richtung kreisend durchführen.

(6) Augenkreisen (b): Augenkreisen im Verlauf einer querliegenden 8!

1: Nach oben schauen; 2: nach rechts 3: nach unten, 4: nach oben, 5: nach links; 6: nach unten schauen. Dann wieder bei 1 beginnen. Dies dann 4-5 Mal wiederholen.

(7) Augen öffnen. Nah und weit Fokussieren: Zur Nasenspitze schauen. Weit weg schauen. Dies 4-8 Mal wiederholen. Anschließend die Augen schließen und entspannt ´in die Augen atmen´.
Variation: Einen Arm ausstrecken. Daumen in momentane Augenhöhe hochhalten. Zur Nasenspitze schauen; zum Daumen schauen; weit weg schauen; wieder zum Daumen; zur Nasenspitze; weit weg schauen."

(nach Quelle: http://www.yoga-vidya.de/de/asana/augenuebung.html; (aufgerufen 08.2018.))

Kopfschmerzen ′wegatmen′

Eine einfache Yoga-Übung hat sich bei allen Arten von Kopfschmerzen bewährt. Bevor Sie im Medizinschrank nachsehen, sollten Sie Folgendes versuchen:

- „Stehen Sie aufrecht mit geschlossenen Füßen.
- Atmen Sie zuerst langsam tief ein. Während des Ausatmens gehen Sie in die Knie, sodass die Oberschenkel waagerecht sind. Gegebenenfalls stützen Sie sich mit den Händen am Boden ab. Beugen Sie Ihren Oberkörper so weit als möglich in Richtung Oberschenkel.
- Halten Sie ihren Nacken die ganze Zeit über entspannt und lassen Sie ihre Hände auf dem Boden ruhen. Die Daumen zeigen dabei nach oben.
- Halten Sie diese Stellung für 30 Sekunden und atmen Sie dabei tief und langsam weiter.
- Richten Sie sich dann behutsam wieder auf, indem Sie ihre Knie strecken und ihren Rücken Wirbel für Wirbel wieder aufrollen.
- Wenn Sie wieder vollkommen aufrecht stehen, lassen Sie ihre Schultern sinken und schieben sie leicht nach hinten, um ihren Brustkorb zu heben.
- Strecken Sie nun ihre Hüfte nach vorn und verlagern Sie ihr Gewicht auf die Fersen.
- Legen Sie Ihren Kopf nun soweit nach hinten, wie Sie es können, ohne dabei umzufallen. Halten Sie diese Stellung für fünf Sekunden bei normaler gleichmäßiger Atmung.
- Richten Sie sich wieder auf und wiederholen Sie die Übungen noch weitere viermal.“

(nach http://www.paradisi.de/Wellness/Entspannung/Yoga/Artikel/18845.php#Die_richtige_Atmung_beim_Yoga)

Einfache Atemübungen

Aufladeübung (im Stehen, Sitzen oder im Liegen): Auf das Sonnengeflecht konzentrieren. Bewusst einatmen (ca. 3-4 Sek. lang), Bauchdecke vorwölben und dabei Energie, Licht, Wärme zum Bauch schicken. Ausatmen, Bauch einziehen (ca. 3-4 Sekunden lang). Beim Ausatmen kann die Energie dahin geschickt werden, wo sie nötig ist. Diese Übung kann jederzeit gemacht, und so oft wiederholt werden wie Sie wollen.

***Entspannendes Pranayama*:** (im Stehen, Sitzen oder im Liegen): Vier Sekunden lang einatmen, 4 Sekunden lang die Luft anhalten, 8 Sekunden lang ausatmen, 4 Sekunden lang die Luft mit leeren Lungen anhalten.

***Gehendes Pranayama*:** Die Bauchatmung mit den Schritten verbinden. Entweder die gleiche Anzahl an Schritten ein- und ausatmen oder während der doppelten Schrittzahl ausatmen.

***Uddhiyana Bandha*:** Nur mit leerem Magen üben! Aufrecht stehen; vollständig ausatmen; die Knie leicht beugen; mit den Händen das Gewicht des Oberkörpers auf die Knie verlagern; der Rücken bleibt in sich gestreckt; die Bauchdecke kräftig nach innen und oben ziehen. Mit leeren Lungen den Atem solange anhalten, wie es bequem ist. Dann die Bauchdecke wieder freigeben und einatmen. Einen tiefen Atemzug dazwischen machen. Das Ganze 2-4 Mal wiederholen. Am besten morgens nach dem Aufstehen üben.

***Agni Sara*:** Nur mit leerem Magen üben! Wie bei Uddhiyana Bandha anfangen. Nach dem Ausatmen mit leeren Lungen den Bauch nach vorne und zurück bewegen. Dies solange machen wie möglich, dann den Bauch nach vorne bewegen und einatmen. Das Ganze 2-4 Runden durchführen. Diese Atemübung am besten direkt im Anschluß an Uddhiyana Bandha durchführen.

***Gorilla*:** Vollständig einatmen; dann die Luft anhalten und den Brustkorb ausdehnen. Mit den Fingerspitzen auf den Brustkorb trommeln. Dann die Lippen schürzen und durch den Mund stoßweise ausatmen, bis die Lungen leer sind. Dann den Bauch so lang einziehen (Uddhiyana Bandha) wie es bequem ist. Wieder vollständig einatmen und das Ganze wiederholen. Beim zweiten Mal mit Handflächen auf dem Brustkorb trommeln, beim dritten Mal mit den Fäusten.

(nach https://www.yoga-vidya.de/prana/pranayama/#c47585)

Somatische Marker

Arbeitsblatt

Somatogramm

Thema:

Meine positiven somatischen Marker

Zeichnen Sie in die Figur Ihre positiven somatischen Marker ein (Atmung, Farben, Gefühle, Energien, zugehörige Symbole, hinzugedachte Umgebungsmerkmale, etc.).

(Storch, ZRM)

Ideenkorb festhalten

Arbeitsblatt

Ideenkorb für mein Motto-Ziel

(Storch, ZRM)

Selbstreflexion - persönliche Wünsche

Arbeitsblatt

Wie will ich gerne sein?

Wunschelement	Meine Lieblingsideen eigene	aus dem Ideenkorb

(Storch, ZRM)

Mein Ziel klären

Das Ziel muss –

- als **Annäherungsziel** formuliert sein !
- vollständig innerhalb der **eigenen Kontrolle** sein !
- einen erkennbaren **positiven somatischen Marker** auslösen !

Mein Ziel, 1. Entwurf:

Mein Ziel, 2. Entwurf:

Mein Ziel,
in der heute endgültigen Fassung

- -

- -

- -

- -

Arbeitsblatt 2

Zürcher Ressourcen Modell ZRM®

Kopiervorlage

(Storch, ZRM)

9 Literatur

Analayo, B.; Der direkte Weg – Satipatthana. Stammbach 2009.

Antonovsky, A.; Salutogenese. Zur Entmystifizierung der Gesundheit (dt. erw. Herausgabe von Alexa Franke); Tübingen 1997.

ders.: Health, stress and coping. New perspectives on mental and physical well-being. San Francisco 1979.

Arold, H./Schaarschmidt, U.: Beanspruchungsmuster bei Lehrerinnen und Lehrern, Beitrag für „Deutscher Psychologentag und 21. Kongress für angewandte Psychologie“ in Bonn 2001.

Augenstein, S.; Auswirkungen eines Kurzzeitprogramms mit Yoga-Übungen auf die Konzentrationsleistung bei Grundschulkindern; Essen 2002.

Baer, R. A.; Mindfulness Training as a Clinical Intervention: A Conceptual and Empirical Review. Clinical Psychology: Science and Practice, 10(2); 2003.

Baer, R. A., Smith, G. T., Hopkins, J., Krietemeyer, J. & Toney, L.; Using self-report assessment methods to explore facets of mindfulness; in: Assessment, 13(1); 2006.

Baumann, N., Kaschel, R. & Kuhl, J.;Striving for unwanted goals: stress-dependent discrepancies between explicit and implicit achievement motives reduce subjective well-being and increase psychosomatic symptoms. Journal of Personality and Social Psychology, 89; 2005.

Becker, P.; Die Bedeutung von Persönlichkeitseigenschaften und chronischem Stress aufgrund eines Mangels an Bedürfnisbefriedigung für gesundheitliche Beeinträchtigung von Lehrern. In: Psychologie in Erziehung und Unterricht 53; 2006.

Becker, G.E. / Gonschorek, G.; Das Burnout-Syndrom; Einführung am Beispiel „Lehrberuf“; in: E. Meyer (Hrsg.); Burnout und Stress, Praxismodelle zur Bewältigung; Hohengehren 1991.

Behrens, A. Informationsmanagement - Informieren, Überzeugen, Beeinflussen; Berlin 2001.

Bishop, S. R., Lau, M., Shapiro, S., Carlson, L., Anderson, N. D., Carmody, J., Segal, Z. V., Abbey, S., Speca, M., Velting, D. & Devins, G.; Mindfulness: A Proposed Operational Definition; in: Clinical Psychology: Science and Practice, 11(3); 2004.

Bodhi, B.; In the Buddha's words. An anthology of discourses from the Pali Canon; Sommerville (MA); 2005.

Boehm, K., Ostermann, T., Milazzo, S., Büssing, A.; Effects of Yoga Interventions on Fatigue: A Meta-Analysis. Evid. Based. Complement; Alternat. Med. 2012.

Bower, J.E., Greendale, G., Crosswell, A.D., Garet, D., Sternlieb, B., Ganz, P.A., Irwin, M.R., Olmstead, R., Arevalo, J., Cole, S.W.; Yoga reduces inflammatory signaling in fatigued breast cancer survivors: A randomized controlled trial. Psychoneuroendocrinology 43; 2014.

Bruns, W.; Der Einfluss des Hatha Yoga sowie ausgewählter Atemübungen auf die Kraftwahrnehmung; Darmstadt 1997.

Burisch, M.; Das Burnout-Syndrom, 4. Aufl.; Berlin 2010.

Busch, M. W.; Die uniforme Organisation: Auszehrung der Mitarbeiter als Folge von Konformitätsdruck in Teams; in: D. von der Oelsnitz & F. Schirmer & K. Wüstner (Hrsg.); Die auszehrende Organisation: Leistung und Gesundheit in einer anspruchsvollen Arbeitswelt; Wiesbaden 2014.

Čandová, A.; Determinanten der beruflichen Belastung bei jungen Lehrerinnen und Lehrern; Nürnberg 2005.

Carlson, E. N.; Overcoming the Barriers to Self-Knowledge; Mindfulness as a Path to Seeing Yourself as You Really Are; Perspectives on Psychological Science, 8(2); 2013.

Chiesa, A.; The Difficulty of Defining Mindfulness: Current Thought and Critical Issues; Mindfulness, 4(3), 2013.

Chiesa, A. & Malinowski, P.; Mindfulness-based approaches: are they all the same? in: Journal of Clinical Psychology, 67(4), 2011.

Cordero, S.; Persönlichkeitsstile und psychische Erkrankung: Zur Rolle von Bedürfnisfrustration, Stress, Affekten und Selbststeuerungsdefiziten; Osnabrück 2005.

Cramer, H., Lauche, R., Hohmann, C., Lüdtke, R., Haller, H., Michalsen, A., Langhorst, J., Dobos, G.;Randomized-controlled trial comparing yoga and home-based exercise for chronic neck pain; Clin. J . Pain. 2; 2013.

Damasio, A.R.; Descartes' Irrtum: Fühlen, Denken und das menschliche Gehirn; München 1994.

ders.; Ich fühle, also bin ich; Die Entschlüsselung des Bewusstseins; 2002.

Dittrich, C.; Yoga und psycho-physisches Erleben; Eine empirische Studie über das psycho-physische Erleben im Yoga; Immenhausen 2008.

de Jong, K.; Führen und Leiten in dynamsicher Balance; Wiesbaden 2017.

ders.: Führen und Leiten mit Struktur und Methode; Wiesbaden 2018.

ders.: Lernen und Lehren mit Freude und Kompetenz; Wiesbaden 2018.

Desikachar, T. K. V.; Yoga; Petersberg 1997.

Deutzmann, R.; Hormonelle Regulation; in: Behrends, J., Bischofberger, J. & Deutzmann, R. (Hrsg.); Duale Reihe Physiologie; Stuttgart 2010.

Dreisörner, T.; Zur Wirksamkeit von Trainings bei Kindern mit Aufmerksamkeitsstörungen; Göttingen 2004.

Dreyfus, G.; Is mindfulness present-centred and non-judgmental? A discussion of the cognitive dimensions of mindfulness. Contemporary Buddhism, 12(1); 2011.

Dunne, J. D.; Buddhist Styles of Mindfulness: A Heuristic Approach; in: B. D. Ostafin, M. D. Robinson, & B. P. Meier (Hrsg.), Handbook of Mindfulness and Self-Regulation; New York 2015.

Ebert, D.; Physiologische Aspekte des Yoga; Stuttgart 1986.

ders.; „Westliche Medizin und Yoga“ in: Berufsverband Deutscher Yogalehrer, (Hrsg.); Der Weg des Yoga: Handbuch für Übende und Lehrende; Petersberg 2007.

Eberth, J.; Wirkungen und Wirkmechanismen achtsamkeitsbasierter Meditation; Entwicklung eines Modells über die durch buddhistische Meditation ausgelösten psychischen Veränderungen im Alltag; Chemnitz 2016.

Einsichtsmeditation: http://www.dhamma-dana.de/buecher/einfuehrung_in_die_einsichtsmeditation.htm#4 (aufgerufen 08. 2018).

Fiedler, R; Lehrerwahrnemungen und Stressprävention; Kassel 2004.

Garfinkel, M.S., Singhal, A., Katz, W.A., Allan, D.A., Reshetar, R., Schumacher, Jr, H. Ralph; Yoga-Based Intervention for Carpal Tunnel Syndrome. JAMA 280; 1998.

Georgi, M.; Der Einfluss von Hatha Yoga auf den Erwerb sensomotorischer Fertigkeiten in der Ausbildung der Sängerstimme; Jena 2002.

Gimmel, J. & Keiling, T. (Hrsg.); Konzepte der Muße; Tübingen 2016.

Gollwitzer, P.M.; Abwägen und Planen. Göttingen 1991.

Graham, L.; Der achtsame Weg zu Resilienz und Wohlbefinden: Wie wir unser Gehirn vor Stress und Burn-out schützen können; Freiburg 2014.

Greif, S.; Stress in der Arbeit - Einführung und Grundbegriffe; in: Greif, S., Bamberg. E. & Semmer, N. (Hrsg.); Psychischer Stress am Arbeitsplatz; Göttingen 1991.

Hanley, A. et all.; Dispositional Mindfulness and Bias; in: Self-theories, Mindfulness, 6(2); 2015.

Hanson, R., 2014. Denken wie ein Buddha. Gelassenheit und innere Ruhe durch Achtsamkeit; München 2014.

Hart, W.; The art of living; Vipassana Meditation; Igatpuri 1991.

Hartmann, K. & Kuhl, J.; Der Wille in der Verhaltenstherapie. In H. Petzold & J. Sieper (Hrsg.); Der Wille in der Psychotherapie; Band 2: Systemische, verhaltenstherapeutische und integrative Verfahren; Göttingen 2004.

Heckhausen, H.; Motivation und Handeln. Berlin 1989.

Herkner, W.; Lehrbuch Sozialpsychologie, 2. Aufl.; Bern 2008.

Herzberg, F. & Mausner, B. & Snyderman, B.; The Motivation to Work. New York 1959.

Hölling, W. & Buskies, W.; Yoga: Bewegung - Atmung - Entspannung; Wiebelsheim, 2007.

Höge, T.; Arbeitsbelastung, salutogene Persönlichkeit und Beanspruchung, München 2002.

Hölzel, B. K. et al.; How Does Mindfulness Meditation Work? Proposing Mechanisms of Action From a Conceptual and Neural Perspective; Perspectives on Psychological Science, 6(6); 2011.

Hofer, M. (Hrsg.); Informationsverarbeitung und Entscheidungsverhalten von Lehrern, München 1981.

Ders.; Subjektive Persönlichkeitstheorien; in: Th. Herrmann / E.D. Lantermann (Hrsg.), Persönlichkeitspsychologie; München 1985.

Holtz, K.-L.; Stress, Angst und Burn-Out im Lehrerurteil, in: VHN 56/1987/2.

Hüther, G.; Bedienungsanleitung für ein menschliches Gehirn; Göttingen 2001.

ders.: Wie Embodiment neurobiologisch erklärt werden kann; in: Storch, M./Cantieni, B./Hüther, G./Tschacher, W.; Embodiment; Die Wechselwirkung von Körper und Psyche verstehen und nutzen; Bern 2006.

Jacobson, E.; Entspannung als Therapie. Progressive Relaxation in Theorie und Praxis; Stuttgart 2011.

Jahn, E.; Yoga: ein Weg zur Gesundheit; Jena 1990.

Kabat-Zinn, J.; Mindfulness-Based Interventions in Context: Past, Present, and Future; in: Clinical Psychology: Science and Practice, 10(2); 2003.

ders.; Gesund durch Meditation. München 2011.

Karambelkar, P. V.; Patanjali Yoga Sutras; (Zusammengefasste Beiträge aus Yoga Mimamsa XXIII, 4/1984 - XXV, 1/1987). Lonavla 1987.

Kirch, D.; Body-Scan; https://www.fachausbildung-stressbewaeltigung-achtsam-keit.de/bodyscan-anleitung/; aufgerufen: August 2018.

Klein, S.; Die Glücksformel – oder Wie die guten Gefühle entstehen; Hamburg 2002.

Klippert, H.; Lehrerentlastung. Strategien zur wirksamen Arbeitserleichterung in Schule und Unterricht; Weinheim, Basel 2008.

Knuf, A. / Hammer, M.; Grundlagen von Achtsamkeitskonzepten; in: dies. (Hrsg.); Die Entdeckung der Achtsamkeit in der Arbeit mit psychisch erkrankten Menschen. Köln 2013.

Krüger, S.; Einfluss der Entspannungstechniken Progressive Muskelentspannung nach Jacobson und definierte Atmung auf die Herzratenvariabilität bei gesunden Freiwilligen; http://www.hrv24.de/Swantje-Krueger-Entspannungstechniken-PMR-Taktatmung-HRV-2014.pdf

Kuhl, J.; Motivation und Persönlichkeit – Interaktionen psychischer Systeme. Göttingen 2001.

ders.; Lehrbuch der Persönlichkeitspsychologie – Motivation, Emotion und Selbststeuerung. Göttingen 2010.

Kuhl, J. & Koole, S. (2005). Wie gesund sind Ziele? Intrinsische Motivation, Affektregulation und das Selbst; in R. Vollmeyer & J. C. Brunstein (Hrsg.), Motivationspsychologie und ihre Anwendung; Stuttgart 2005.

Kuhn, T. & Weibler, J.; Führungsethik in Organisationen; in: D. von der Oelsnitz & J. Weibler (Hrsg.); Organisation und Führung; Stuttgart 2012.

Langer, E. J. & Moldoveanu, M.; The Construct of Mindfulness; in: Journal of Social Issues, 56(1); 2000.

Lantermann, E.D.; Kognitive und emotionale Prozesse beim Handeln; in: H. Mandl/G.L. Huber (Hrsg.); Emotion und Kognition; München 1983.

Lehrhaupt, L.; Sitzmeditation; Bedburg o.J.; http://www.linda-lehrhaupt.com/begleitete-meditationen/sitzmeditation/ (aufgerufen 08.2018).

McCall, T.B.; Yoga as medicine. New York 2007.

Meibert, P., Michalak, J., & Heidenreich, T.; Achtsamkeitsbasierte Stressreduktion – Mindfulness Based Stress Reduction (MBSR) nach Kabat-Zinn; in T. Heidenreich & J. Michalak (Hrsg.), Achtsamkeit und Akzeptanz in der Psychotherapie; Tübingen 2009.

Miller, R.; Stress und Entspannung; Praktische Vorschläge, sich in der Schule wohlzufühlen; in: Pädagogik 10/1990.

Nhat Hanh, T., Das Wunder der Achtsamkeit, Georgsmarienhütte 2002.

Lazarus, R. S. & Folkman, S.; Stress, appraisal, and coping; New York 1984.

Librowicz, S.; Achtsamkeit in der psychosozialen Versorgung; Graz 2017.

Löhmer, C. & Stanhardt, R.; Die Kunst, im Alltag zu entspannen. Einübung in die Progressive Muskelentspannung; Stuttgart 2010.

Lyons, K. E. & DeLange, J.; Mindfulness Matters in the Classroom: The Effects of Mindfulness Training on Brain Development and Behavior in Children and Adolescents; in: K. A. Schonert-Reichl & R. W. Roeser (Hrsg.), Handbook of Mindfulness in Education; New York 2016.

Malinowski, P.; Neural mechanisms of attentional control in mindfulness meditation; Frontiers in Neuroscience, 7:8; 2013.

Maslach, C. & Jackson, S. E.; Patterns of Burnout among a National Sample of Public Contact Workers; in: Journal of Health and Human Ressources Administration, 7; 1984.

Meichenbaum, D.; Intervention bei Stress; Anwendung und Wirkung des Stressimpfungstrainings; aus dem Amerikan. übers. von L. Schattenburg, Bern-Stuttgart-Toronto 1991.

Monteiro, L. & M., Musten, R. F. & Compson, J.; Traditional and Contemporary Mindfulness: Finding the Middle Path in the Tangle of Concerns. Mindfulness, 6(1); 2015.

Nelting, M.; Burnout: Wenn die Maske zerbricht. Wie man Überbelastung erkennt und neue Wege geht. 6. Aufl. München 2010.

Nilsson, H. & Kazemi, A.; Reconciling and thematizing definitions of mindfulness; The Big Five of mindfulness; in: Review of General Psychology, 20(2); 2016.

Nyanaponika; Geistestraining durch Achtsamkeit (8. Aufl.); Stammbach 2000.

Oesterreich, R., Leitner, K. & Resch, M.; Analyse psychischer Anforderungen und Belastungen in der Produktionsarbeit. Das Verfahren RHIA / VERA-Produktion, Handbuch; Göttingen 2000.

Ohm, D. (2011); Stressfrei durch Progressive Relaxation; Mehr Gelassenheit durch Tiefmuskel-Entspannung nach Jacobson; Stuttgart 2011.

Ott, U.; Meditation für Skeptiker. Ein Neurowissenschaftler erklärt den Weg zum Selbst; München 2010.

Patientenmerkblatt „Entspannung“; internes Klinik-Merkblatt der Psychosomatischen Fachklinik Bad Pyrmont; Bad Pyrmont 1996.

Petermann, U.; Entspannungstechniken für verhaltensgestörte Kinder und Jugendliche (FernUni); Hagen 1995.

Pokhel, B.; Hatha Yoga als Begleitmaßnahme bei kolorektalem Karzinom; Duisburg 2015.

Pullen, P.R., Nagamia, S.H., Mehta, P.K., Thompson, W.R., Benardot, D., Hammoud, R., Parrott, J.M., Sola, S., Khan, B.V. (2008): Effects of yoga on inflammation and exercise capacity in patients with chronic heart failure. J. Card. Fail; 2008.

Raju M. et al.; „Comparison of effects of yoga & physical exercise in athlethes", Indian journal of medical research, Amsterdam MD 100/1994.

Rosenberg, L.; Mit jedem Atemzug. Buddhas Weg zu Achtsamkeit und Einsicht; Freiamt im Schwarzwald 2002.

Rohmert, W. & Rutenfranz; Arbeitswissenschaftliche Beurteilung der Belastung und Beanspruchung an unterschiedlichen Industriearbeitsplätzen; Bonn: Bundesministerium für Arbeit und Sozialordnung 1975.

Rosemann, B. & Kerres, M.; Bedingungen des Lehrerverhaltens; Rationale, emotionale und zirkuläre Faktoren bei der Situationswahrnehmung, in: Psychologie in Erziehung und Unterricht 32/1985.

Roth, G.; Das Gehirn und seine Wirklichkeit. Kognitive Neurobiologie und ihre philosophischen Konsequenzen; Frankfurt/M. 1997.

ders.; Fühlen, Denken, Handeln. Wie das Gehirn unser Verhalten steuert; Frankfurt/M. 2003.

Rotter, J. B.; Generalized expectancies for internal versus external control of reinforcement; in: Psychological Monographs, 80; 1966.

Rudow, B.; Bewältigung von Belastungen im Lehrerberuf; Ein Streßmanagementtraining. Manual für Kursleiter, Heddesheim/Baden 1995.

Sammer, U.; Halten und Loslassen. Die Praxis der Progressiven Muskelentspannung; Düsseldorf 2012.

Satyananda Saraswati; Asana pranayama mudra bandha; Bihar 1996.

Sauer, S.; Wirkfaktoren von Achtsamkeit; Koblenz-Landau 2009.

Schaarschmidt, U. & Kieschke, U.; Beanspruchungsmuster im Lehrerberuf; Ergebnisse und Schlussfolgerungen aus der Potsdamer Lehrerstudie; in M. Rothland (Hrsg.), Belastung und Beanspruchung im Lehrerberuf, Modelle – Befunde – Interventionen; Wiesbaden 2007.

Schaufeli, W. B. & Enzmann, D.; The burnout companion to study & practice; London 1998.

Scheffer, D. & Kuhl, J.; Erfolgreich motivieren – Mitarbeiterpersönlichkeit und Motivationstechniken; Göttingen 2006.

Schmidbauer, W.; Dranbleiben - die gelassene Art, Ziele zu erreichen, Freiburg 2002.

ders.: Die hilflosen Helfer; Über die seelische Problematik der helfenden Berufe; Reinbek 1997.

Schunk, D.H. & Pajares, F.; Competence Perceptions and Academic Functioning; in: Elliot, A.J./Dweck, C.S. (Eds.): Handbook of Competence and Motivation; New York 2005.

Seckendorf, R. v.; Auswirkungen eines 6-wöchigen Entspannungstrainings (Progressive Muskelrelaxation nach Jacobson) auf Blutdruck, Herzfrequenz und Herzratenvariabilität sowie psychologische Parameter (Stresserleben, Angst, Ärger) bei gesunden Probanden; Berlin 2009

Seligman, M. E. P.; Erlernte Hilflosigkeit; München 1979.

Semmer, N.; Stressbezogene Tätigkeitsanalyse; Psychologische Untersuchungen zur Analyse von Stress am Arbeitsplatz; Weinheim 1984.

Shapiro, S. L. et al; Contemplation in the Classroom: a New Direction for Improving Childhood Education. Educational Psychology Review, 27(1); 2014.

Shonin, E., van Gordon, W., Singh, N. N., & Griffiths, M. D.; Mindfulness of emptiness and the emptiness of mindfulness; in: E. Shonin et al. (eds.). Buddhist Foundations of Mindfulness, Mindfulness in Behavioral Helth 2015.

Schmidt, S.; Was ist Achtsamkeit? Herkunft, Praxis und Konzeption; SUCHT, 60(1); 2014.

Schramm, T.; Burnout am Arbeitsplatz von Krankenschwestern und Krankenpflegern; Frankfurt/O 2016.

Seligman, M. E. P.; Erlernte Hilflosigkeit; München 1979.

Sharma, P.D., Shah, R.M.; Gala's yoga; India 2000.

Stachura, E.; Neurobiologischer Konstruktivismus; o.O. 2010.

Storch, M.; Das Geheimnis kluger Entscheidungen – Von somatischen Markern, Bauchgefühl und Überzeugungskraft (5. Aufl.). Frankfurt/M 2008.

dies.; Das Zürcher Ressourcen-Modell ZRM; Ressourcen aktivieren mit Motto-Zielen; in: J. Schaller & H. Schemmel (Hrsg.), Ressourcen ... Ein Hand- und Lesebuch; Tübingen 2014.

dies.: Stressmanagementtraining mit dem Zürcher Ressourcen Modell; Zürich 2005.

dies.; Motto-Ziele, S.M.A.R.T.-Ziele und Motivation. In B. Birgmeier (Hrsg.), Coachingwissen; Wiesbaden 2010.

Storch, M./Cantieni, B./Hüther, G./Tschacher, W.; Embodiment. Die Wechselwirkung von Körper und Psyche verstehen und nutzen; Bern 2006.

Storch, M. & Krause, F.; Selbstmanagement – ressourcenorientiert: Grundlagen und Trainingsmanual für die Arbeit mit dem Zürcher Ressourcen Modell ZRM (4. Aufl.); Bern 2007.

Storch, M. & Kuhl, J.; Die Kraft aus dem Selbst – Sieben Psychogyms für das Unbewusste (2. Aufl.); Bern 2013.

Tam Luong, M.; Achtsamkeit und Muße in der Schule; Eine Mixed-Methods-Studie zu den Auswirkungen einer achtsamkeitdsbasierten Intervention; Freiburg 2018.

Taspinar, B., Aslan, U.B., Agbuga, B., Taspinar, F.; A comparison of the effects of hatha yoga and resistance exercise on mental health and well-being in sedentary adults: A pilot study. Complement. Ther. Med. 22; 2014.

Tausch, R.; Förderlicher Umgang mit seelisch-körperlichen Stress-Belastungen; Möglichkeiten für Erwachsene und Jugendliche; in: E. Meyer (Hrsg.); Burnout und Streß, Praxismodelle zur Bewältigung; Hohengehren 1991.

ders.: Individual differences, work stress, and health; in Schabracq, M.J.; Winnubst, J.A.; Cooper, C.I. (Eds.); Handbook of Work and Health Psychology; Chichester 1996.

Thienel, A.; Lehrerwahrnehmungen und Gefühle in problematischen Unterrichtssituationen. Zum Einfluß von Wahrnehmungen und Emotionen auf das differentielle Verhalten von Lehrern, Frankfurt/M 1988.

Trökes, A.; Hatha Yoga; Der Weg des Yoga; Petersberg 2007.

Tsutomu, K. et al.; Decrease In Serum Cortisol During Yoga Exercise Is Correlated With Alpha Wave Activation; Perceptual and Motor Skills, 90/2000.

Vago, D. R. & Silbersweig, D. A.; Self-awareness, self-regulation, and self-transcendence (S-ART); a framework for understanding the neurobiological mechanisms of mindfulness; in: Front. Hum. Neurosci. 6:296; 2012.

van Lysebeth, A.; Yoga für Menschen von heute; München 1990.

von Rosenstiel, L. & Nerdinger, F. W.; Grundlagen der Organisationspsychologie: Basiswissen und Anwendungshinweise, 7. Aufl. Stuttgart 2011.

Wilson, Th.D.; Gestatten, mein Name ist Ich. Zürich 2004.

Zenner, C. A.; ABC fürs Leben - Sind Achtsamkeitsprogramme im Schulkontext ein wirksamer Ansatz; Frankfurt/O. 2016.

Yoga
Akademie Baden
weiter bilden ~ tiefer erkennen

Die Yoga-Akademie-Baden
Für Interessierte, die tiefer in die Yoga-Philosophie eintauchen oder sich selbst zum Yogalehrer/zur Yogalehrerin ausbilden lassen möchten.

www.yoga-akademie-baden.de

Yoga
im Kloster

Yoga im besonderen Rahmen
Yoga - Kompakt - Wochenende mit bis zu 100% Förderung durch die gesetzlichen Krankenkassen.

www.yoga-im-kloster.de

Entschleunigung
Verbundenheit
Neuausrichtung

Yoga & Coaching
Yoaching®

Yoaching = Yoga & Coaching
Für alle, die sich mehr Freude und Leichtigkeit im Leben wünschen und mit den segensreichen Aspekten von Yoga und Coaching weiter wachsen wollen.

www.yoaching.de

Yoga Akademie Baden

Joachim Bär
Yoga & Coaching
Im Katzenfeld 6
77855 Achern-Önsbach

office@Yoga-Akademie-Baden.de

Joachim Bär
Gründer und Leiter der YAB

Übungs-CD als Ergänzung zu den Übungen in diesem Buch

Wenn Sie noch mehr und vor allem dauerhaft in die Yoga-Praxis einsteigen wollen,
empfehlen wir Ihnen den Erwerb unserer Yoga-Übungs-CD.

Diese im mp3-Format erstellte Audio-CD umfasst die folgenden Inhalte:
Grundstufe-Version-A:
(bis GS-Std. 4 einschließlich nutzbar)
Grundstufe-Version-B:
(ab GS-Std. 5 bis zum Ende nutzbar)
Grundstufe-Version-C:
(nach Abschuss der GS nutzbar)

Vielseitiges Bonusmaterial zum Aufbau auf Version-C:
Ansage von einer Doppelrunde Schulter-Sonnengruß (SSG)
Ansage von einer Doppelrunde Wald-Sonnengruß (WSG)
Ansage von einer Doppelrunde Mondgruß (MG)
Sonnengrüße mit den von Dorothee gesungenen Surya-Mantras (7-Doppelrunden)
Sonnengrüße mit dem von Dorothee gesungenen Gayatri-Mantra (7-Doppelrunden)
Sonnengrüße mit den von Joachim gesungenen Surya-Mantras (7-Doppelrunden)
Sonnengrüße mit dem von Joachim gesungenen Gayatri-Mantra (7-Doppelrunden)
Sonnengrüße mit den von Joachim gesungenen Surya-Mantras (27-Doppelrunden)
Sonnengrüße mit den von Dorothee gesungenen Surya-Mantras (27-Doppelrunden)

Ansage der Übungsabfolge vom „Sanften Morgen-Flow“ mit Dorothee (3x)
Ansage der Affirmationen vom „Sanften Morgen-Flow“ mit Dorothee (3x)
Ansage der Übungsabfolge vom „Sanften Morgen-Flow“ mit Joachim (3x)
Ansage der Affirmationen vom „Sanften Morgen-Flow“ mit Joachim (3x)

Zwerchfell-Atmung (Kapalabhati) mit 60 - 80 - 100 Wiederholungen
Wechselatmung (3 Runden 4 - 12 - 8 Asato Ma und 4 Runden 4 - 16 - 8 mit Gayatri)
Wechselatmung (3 Runden 4 - 16 - 8 und 4 Runden 5 - 20 - 10 mit Asato Ma)

Verschiedene Kurzprogramme (mit je einer Asana pro Gruppe):
Kurzprogramm 1: (mit Übungen auf Grundstufen-Niveau)
Kurzprogramm 2 (mit Standübungen / können ohne Matte geübt werden)
Kurzprogramm 3 (mit Übungen auf Mittelstufen-Niveau)
...und noch weiteres Bonusmaterial.

Zielpersonen des Buches sind:

- Sie haben bereits Führungserfahrungen in einer Organisation mit einem Bildungs- und Erziehungs- oder Betreuungsauftrag und Sie wollen Ihre Erfahrungen auf fundierten Aussagen reflektieren, verändern oder ausbauen.
- Sie sind neu in einer Führungsfunktion und wollen wichtige Handlungsfelder im Führungs- und Leitungsbereich durchdenken, Ideen und Ansätze sammeln und sicher gestalten.

Sie streben eine Führungsfunktion an und wollen wichtige Führungs- und Leitungsaufgaben kennenlernen bzw. sich auf diese vorbereiten? Dann eröffnet Ihnen das Buch eine breite Sicht auf wichtige Themenfeldern des Führens und Leitens einer im Bildungs-, Erziehungs- oder Betreuungsbereich angesiedelten sozialen Organisation, sei dies eine Schule, ein Hort oder ein Kindergarten sowie eine ähnliche Einrichtung. Sie erhalten für Ihr Führungs- und Leitunghandeln gründliche, kurze Informationen mit praxisbezogenen Ansätzen, zahlreiche kon-krete Anregungen und in den beigefügten Anlagen praktische Handreichungen zu den im Buch angesprochenen Themen.

Das Buch ist aus der Praxis für die Praxis geschrieben und will Sie in Ihrer Leitungsfunktion unterstützen. Sie leiten eine im Bildungs- , Erziehungs- oder Betreuungsbereich tätige Organisation oder eine Abteilung darin mit weitgehend selbstverantwortlich arbeitenden und qualifiziert ausgebildeten Mitarbeitenden z.B. eine Schule, ein Heim für Kinder/Jugendliche, einen Kindergarten oder Hort. Sie erfahren sowohl für Sie selbst wie für konkrete Leitungsaufgaben theoretisch fundierte, praktische Anregungen und konkrete Instrumente , wie Sie Ihre Leitungsweise verbessern und Abläufe passend optimieren können. Zugleich steigern Sie durch die vorgestellten strukturellen Maßnahmen / Methoden sicht- und erfahrbar für Ihre Mitarbeitenden Ihre Leitungskompetenz, z.B. in Felder wie: Konferenzen, Besprechungen, Beratungen leiten; Gespräche mit Erziehungsberechtigten oder Verhandlungen mit z.B. dem Träger führen; Fördern von Mitarbeitenden durch Coaching; Beurteilungen von Mitarbeitenden verfassen, usw.

Das Buch stellt Ansätze für das Gestalten aktiver, erfahrungsbezogener und eher gehirngerechter Lernprozesse mit zahlreichen konkreten Anregungen vor. Damit will es sowohl Studierende eines Lehramtes, Referendare als auch junge und jungegebliebene Lehrkräfte ansprechen und über eine effiziente Vorbereitung zum Anregen aktiver, nachhaltiger Lehr- und Lernprozesse ermuntern. - Die Texte des Buches stellen zahlreiche Themen vor, die gehirngerechte Lernprozesse ermöglichen können. Sie erfahren, was beim Lernen im Gehirn geschieht. Die Kapitel sprechen u.A. an: Lerncoaching, Kompetenzen entwickeln, selbstgesteuertes, erfahrungsbezogenes Lernen, Sichern von Lernergebnissen, handlungsorientiertes, problemorientiertes, individualisiertes, projektartiges, spielerisches und methodisches Lernen, Lernen mit digitalen Medien, Lernen und Aufmerksamkeit, Lernprozesse strategisch vorbereiten.